青木流

野菜のシンプル栽培

ムダを省いて
手取りが増える

青木恒男

農文協

はじめに

私は工業高校を卒業後、地元の電機関連企業に就職し、二〇年近く工場勤務を経験した。このときに学んだ生産管理技術、たとえば必要なものを必要なときに必要な量だけ生産する「ジャストインタイム」（トヨタ生産方式）などの考え方は、現在の営農に大きく役立っている。

農業も工業と同じく、「いかにコストを下げるか?」という発想にとどまる限り、従来の様式にとらわれて、それほどコストは下がらない。そうではなく「作物が育つのに最低限必要なものは何か?」を考える。「ゼロからスタートする」という発想に転換すれば、革新的にムダが省ける。たとえば「元肥は必要だろうか?」と考える。表土をはがした山土でもない限り、必ず土壌中には養分が含まれており、作物は元肥なしでも十分に生育を開始する。そして、作物が必要とする肥料分を必要なときに必要な量だけ、それも的確な位置に施せばよい。慣行の全面全層施肥はムダである。

また「耕耘は必要だろうか?」と考える。そもそも野山の土は、人の手が加わらなくとも、みずから肥沃になっていく力を持っている。私は、かつて透水性ほぼゼロだった土を耕さないことで、水はけ・水もちのよい状態へと改善してきた。耕さない土のほうが根の寿命も長く、作物生産にとって有利である。

同様に、堆肥は必要だろうか?　農薬は必要だろうか?　暖房は?　規格は?……。何かを「減らす」引き算の発想ではなく、「なくす」ゼロからの発想。だれもが当然と考えている常識を覆したときほど、コストダウンの幅も大きくなる。そのようにして私は現在の「シンプル農業」に行き着いた。

面積を増やして売り上げを増やすのではなく、小さな面積のまま、どれだけ利益率を上げられるか？　農業は「仕事がきつい割に儲からない」といわれて久しく、最近は直売所も「出店過剰で頭打ち」といわれているが、常識にとらわれなければ、まだまだ楽しく稼いでいける。
本書で紹介する技術は、すべて私の営農環境を前提にしており、そのまま応用できるとは限らない。むしろ、それぞれの営農環境で常識を疑い、経営改善をはかっていくためのヒントにしていただければ幸いである。

二〇〇九年六月

青木　恒男

目次

2 耕耘不要！　不耕起で水はけ・水もちのよい土に

3 堆肥不要！ 土つくりは畑にある作物、雑草を活かす……61

序

常識不要！

小さな経営で手取りを増やすには

❖農業は仕事がきつい割に儲からない？

私は伊勢平野（三重県松阪市）の水田地帯の専業農家である。水田地帯とはいっても、整備済みの圃場がどこまでも広がる田園地帯、というロケーションではない。地方都市の外縁部に位置し、不整形で小区画の未整備水田の中に、郊外型スーパーマーケットや小さな住宅団地、川や丘陵などがパッチワークのように存在する、そんな土地で営農している（図2、3）。

大型農機を使った大規模経営の可能性は地形的に考えると絶望的で、かといって今後急速に市街化・宅地化が進む可能性もない。この地区四〇〇戸の農家のうち、後継者がいる家は私を含めても片手の指に足りず、しかも農業専従者の平均年齢は七〇歳を超えた。

私の農業経営を取り巻く環境はざっとこのような状況であるが、これは日本中どこでも普通に見られる情景である。「農業は仕事がきつい割に儲からない」という言葉がいつの間にか常識のようになってしまい、「儲からない職業には就けない」ということで後継者がいなくなり、気がつけば地域営農自体が成り立たなくなる寸前。このような農業の現状を打開するのによい方法はあるだろうか？

図1　筆者　（赤松富仁撮影）

表1　経営概要

立　地	粘土質の沖積土壌。もと遊水地の水田から畑に転換。地表から25cmの耕土の下に深さ30～100cmの不規則な河川氾濫時の地形が埋まっており、さらにその下は岩盤に近い緻密な粘土が30m以上堆積している
経　営	水田550a、水稲作業受託100a、水田より転換畑40 a（うちハウス20a）、畑10aでイネ、花、野菜を栽培している
労　力	1人

❖最初の「一〇a二四万円所得」に愕然

私の家は、田畑合わせて一ha余りの農地を耕作する兼業農家であった。父も私もサラリーマンで、休日を利用して米だけをつくっていたが、十数年前、私は訳あって突然、そんな厳しい農業の世界に飛び込むことになった。指導機関とも相談し、借地を増やしての経営規模拡大とともに、田んぼに一〇aのパイプハウスを建てて、何はともあれ切り花ストックの無加温栽培から始めた。

ストック栽培は稲作作業と競合することがなく、農閑期の時間とハウス・作業場などの施設が有効に使えること、キク・バラ・カーネーションといった栽培技術や産地が確立されたメジャーな花と違い、競合する生産者が少なく、まだまだ改善の余地のある（努力次第で儲かる）作物だと思ったのが導入の理由であった。ただ、裏を返せば、信頼できるマニュアルがなく、ある程度手探りで生産技術を確立していかねばならない、という難点もあった。

初の出荷シーズン終了後、ＪＡからの入金伝票を見て私は

図２　筆者のハウスとその周辺。整備されていない小区画の水田が広がる田園地帯

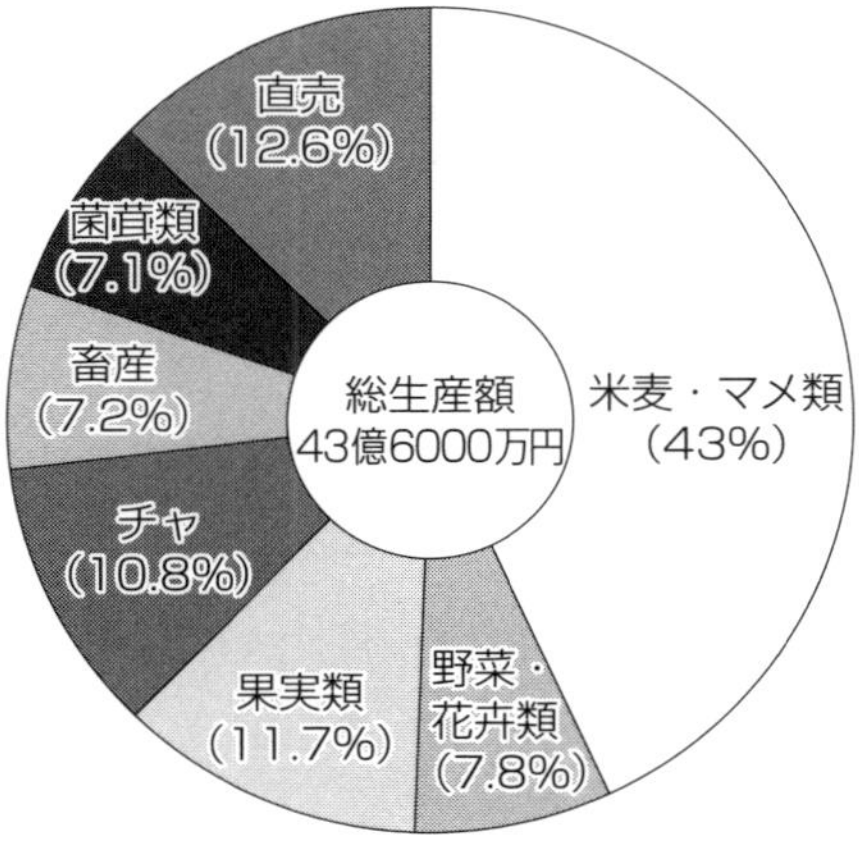

図３　JA松阪管内の農業生産額の割合
（2007年度版JA松阪公報誌より）

エーッ、1本60円!? 80円で売れたんじゃ…

AOKI
だから、販売手数料と販売経費で20円を引いたんです！
ストックの入金伝票
○○農協
生産経費50円を引いたら、10円しか残らないよ…

「?」と感じた。「出荷ごとの市況速報では秀品2Lサイズで一本八〇~九〇円。生産経費が五〇円だから、三〇~四〇円の儲けか」との、捕らぬ狸の計算は外れ、口座に振り込まれていたのは一本当たり六〇円であった。共選による市場出荷であったため、生産経費だけではすまず、市場・JA・県経済連などの手数料、共同出荷梱包費、市場までの運賃など二〇円ほどが販売金額から控除されていたのである。

六〇円に対して経費五〇円――。これでは経費率が八割を超え、たいした収入にならない。時には「出荷したら赤字」という事態もあり得そうである。

❖人を雇えば、あっけなく経費は倍増

当時の経営状態を再現してみよう（表2）。今残っている平成六年度の「JA共選出荷ストック栽培指針」に従って、そのとおりの栽培管理をした場合の経費を計算してみる。この栽培初年度、一〇aのハウスからおよそ二万五〇〇〇本の切り花を出荷し、経費は合計で約一二一万円かかっていた（一本当たりの生産費は約四八円）。この年のシーズン平均市場価格が五八円だから、売り上げは一四五万円程度であったと思われる。つまり、一〇

表2　ストック生産経費と経費率の変化

12年前、栽培スタートの頃

1994年度ストック経費（10a当たり）

要　目	経　費（円）
ハウス建設償還費	360,000
被覆ビニール他	386,000
種苗費	210,000
機械・燃料費	35,000
堆肥1t	25,000
肥料	110,000
薬剤費	88,000
計	1,214,000

出荷数：25,000本
経費：121万円
121万円÷25,000本で計算すると
1本当たりの生産経費は約48円

売り上げが145万円（価格58円×25,000本）だから、
121万円÷145万円で計算すると
経費率は約83%

スタートから11年後

2005年度ストック経費（10a当たり）

要　目	経　費（円）
ハウス建設償還費	245,000
被覆ビニール他	77,000
種苗費	108,000
機械・燃料費	15,000
堆肥1t	—
肥料	26,000
薬剤費	6,000
計	477,000

出荷数：32,000本
経費：47万7,000円
47万7,000円÷32,000本で計算すると
1本当たりの生産経費は約15円

売り上げが166万円（価格52円×32,000本）だから、
47万7,000円÷166万円で計算すると
経費率は約29%

a当たりの所得は二四万円、経費率は約八三%となる。

八月の播種から始まって、半年以上の苦労の結果が二四万円の所得にしかならない。この現実に「農業は仕事がきついわりに儲からない」という言葉を実感し、愕然としたのを覚えている。そこで、まず収入を確保するため、単純な規模の拡大がどこまで可能かを考えてみた。ハウスでのストック栽培は人手が頼りの作業が大半なので、シーズン中の投入時間を計算してみれば、どの程度の規模経営が可能か、どこにネックとなる工程があるのかがわかる。

ハウスストック一〇a（三万本）を出荷するのに要するのは、総作業時間が八一〇時

間（約一〇〇日）必要で、かつ、冬から春にかけて栽培管理をしながら収穫・出荷するのに大半の時間を費やしてしまう。ということから、生産者一人でこの二倍、二〇aの面積をこなすことはほぼ不可能と結論を出した。

ならば、雇用労力による一〇aの規模拡大が可能かといえば、時給一五〇〇円として一本当たり四〇・五円。この雇用費を生産費四八円に加算すると、あっけなく販売価格五八円を超えてしまう。私が「小さくとも効率的な農業経営は一人で行なうもの」というこだわりを持つのは、このあたりに原因がある。

❖「コストダウン」はタカが知れている

数年間、ストックの八重率や秀品率の向上による売り上げ増大や、ナバナやブロッコリーなど露地野菜の規模拡大、そして少しでも安価な資材探しなど、さまざまな改善をして経営を安定させる努力もした。

その過程で、すでに完成している〝常識的な栽培方法〟からのコストダウン、たとえば「安い肥料に替えてみる」「大型機械で作業の能率を上げてみる」「栽培規模を増やしてみる」といった発想のもと、試行錯誤したが、結局下げられる経費はタカが知れているということを身にしみて学んだ。

さらに、五～六年経過してようやく経営が安定し始めたころ、今度は、いわゆる「連作障害」に苦しむことになる。何年間も休みなく冬場のストックと夏野菜の連作を繰り返した結果、肥料塩類集積による作物の生理障害や苗の立枯れ病、良品比率の低下が見られるようになり、標準的な「栽培指針」どおりに作物がつくれなくなってしまったのである。

そしてまた一〇年が経過し、私の経営や作物栽培のスタイルは当時とまったく違うものになった。労働力は私一人、水稲五haと少量多品目のハウス野菜・花二〇aを中心に、売り上げベースで約一〇〇〇万円、そして経費率四〇～五〇％。冒頭で紹介したような営農環境で、規模拡大や仕事量の増大はもはや無理と悟り、「それでも儲かる農業のスタイルは？」と考えてたどり着いたのが現在の私の経営、いわば「小さな経営」の限界である。

❖必要なものだけを足し算する経営に

「一〇〇万円かかっていた経費を九〇万円に下げる」といった、引き算の〝コストダウン〟という常識は棄て、経営にしろ作物の栽培にしろ、必要なものだけを積み上

図4　ストックのハウスと筆者

経営は、水稲5haのほか、ハウス20aで花と野菜を栽培。花は農協と直売所、野菜は2～3カ所の直売所へほぼ年間出荷　（松村昭宏撮影）

図5　12月のようす

3連棟10aのハウスに4aの切り花ストック（中央）と6aの冬野菜（両サイド）が同居。ストックは3作型で9品種

図6　4月中旬のようす

3連棟10aの無加温ハウスで、ストックが終わり野菜がメインに。11品目・21品種の作物と苗類が同居中

げていく〝ゼロから足し算するコスト〟という発想に立つと、驚くほどムダが省ける。

「作物が商品になるために必要なもの（こと）」を「必要なときに」「必要なだけ与える（行なう）」という「後補充生産」の考え方が重要である。「本当に苗はこんなに必要なのか？」「肥料は必要なのか？」「土を耕すことは必要なのか？」といった、覆せそうにない基本を覆したときほど効果は大きく現われる。

もう少し前向きなアプローチとして、現状の経営に何かをプラスすることで作物の商品価値を上げたり、出荷量を増やしたりしてより大きな利益を生み出し、相対的に経費率を下げるという「足し算のコストダウン」もありうる。

これは比較的受け入れやすい考え方で、たとえば「○○という資材を余分に散布すると品質がよくなって高く売れるらしい」とか「この作業に××機を導入すれば仕事がはかどって出荷量を増やせそうだ」とか……。「よさそうなもの」をどんどん取り入れて、現状プラスアルファの経営を目指すことは大切だろうし、人並みの経営をしていて十分に儲かっているのであれば、好んで骨身を削るような経営改善努力は必要ないのかもしれない。

しかし、何らかの形で経営を大きくするほど、体系は必ず複雑になり、経営効率は低下することになる。だから私は「経営はシンプルで小さいほどよい」と考えている。ムダな資材・作業・時間など、本来いらないものはすべて捨て、これ以上捨てられない必要最小限のものだけを見極めたうえで、作物栽培にしろ、経営にしろ、まずゼロから組み立ててみるようにしている。

作物は勝手に育つからシンプル農業

農業は工場の生産ラインと違い、分、秒単位で次々に作業改善を進めて経営をよくしていく、というアプローチは成り立たない。農業のリードタイムは一年単位。この宿命は変えられないからである。「何か新しいよさそうなもの」をどんどん取り入れて出来上がってしまったコスト過剰の体系から、毎年少しずつ、安全確認をしながらコストダウンを進めていく、という余裕のあることはしていられない。「必要なものを、必要なとき、必要なだけ」というこれ以上削れないシンプルな体系にまず切り替えてみて、不足やイレギュラーがあればそのつど加えたり改善していけば、ムダなコストをかけずにすむ。

3種類の経営改善

▼引き算のコストダウン

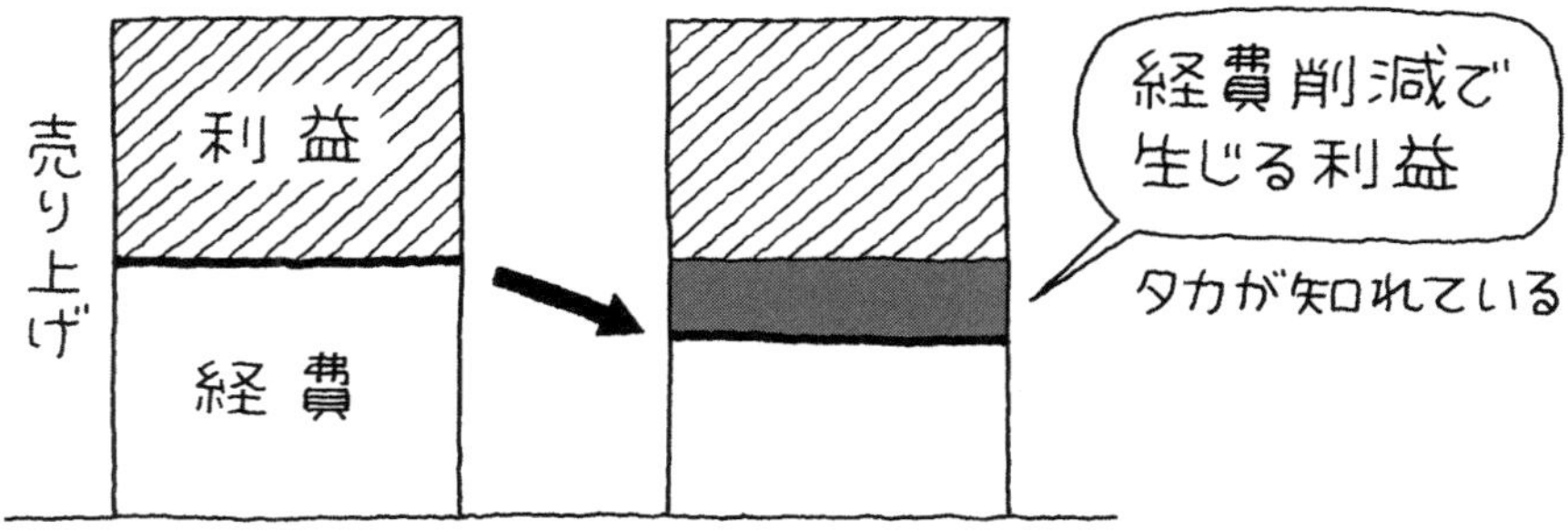

▼足し算のコストダウン

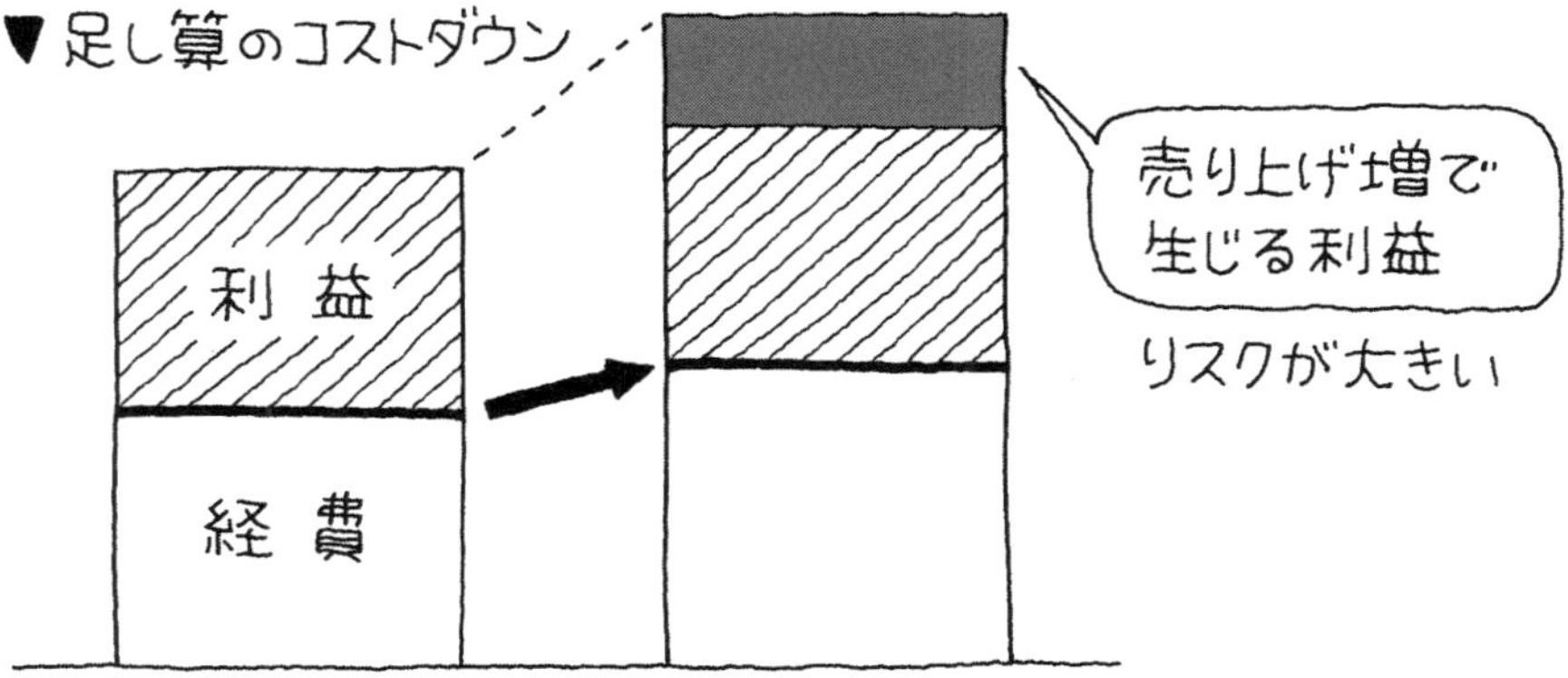

▼ゼロからの発想

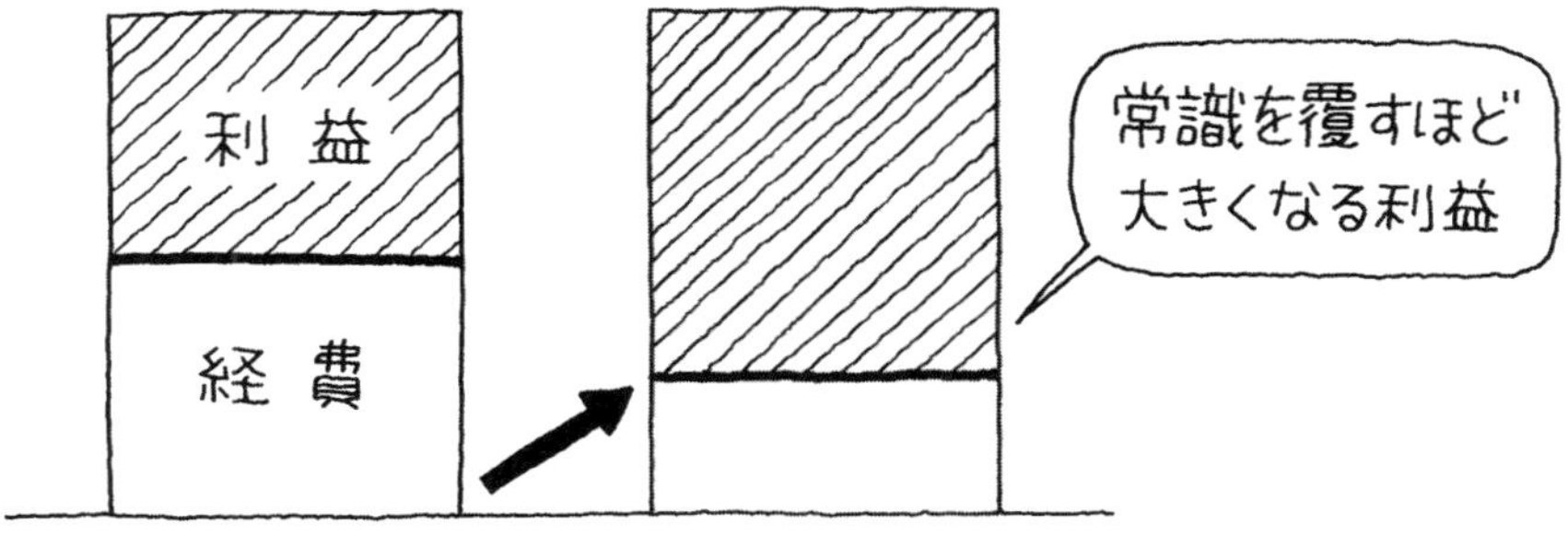

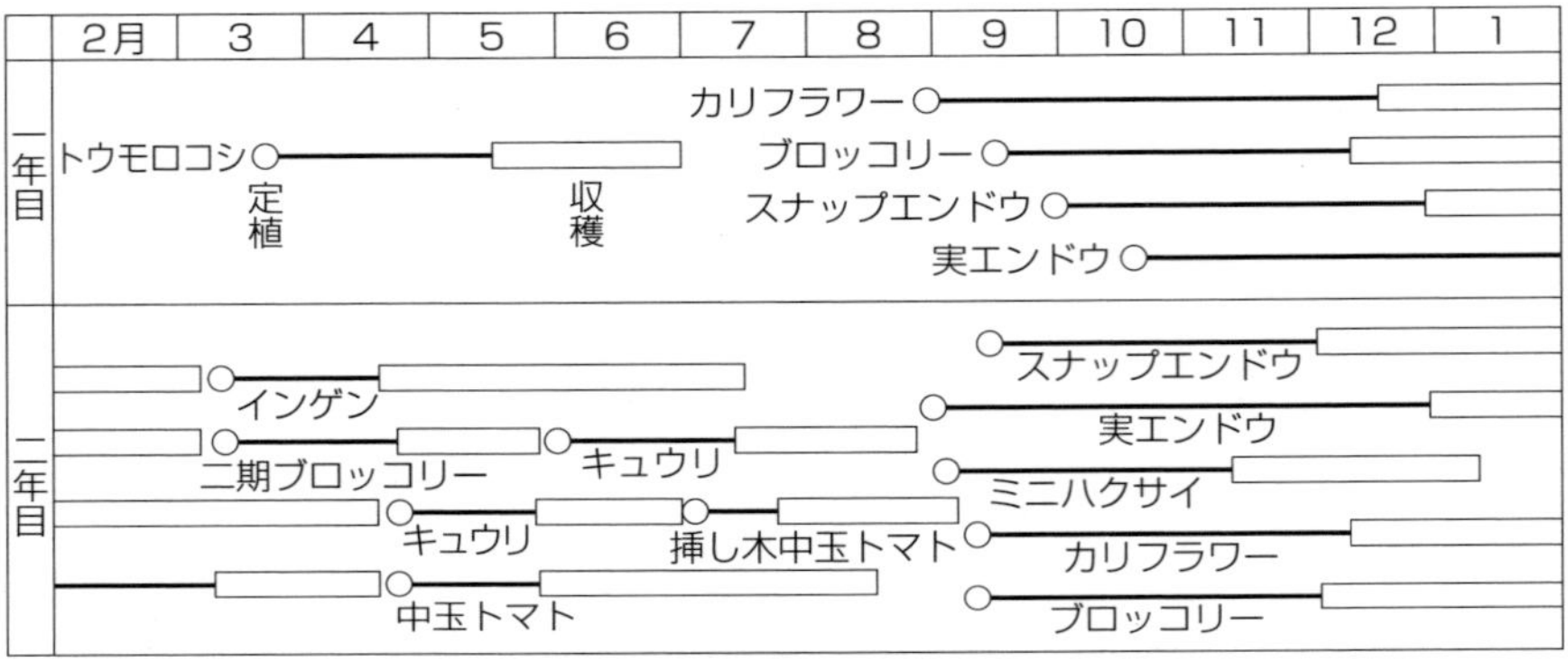

図7　野菜の休みなし連続栽培体系

野原の雑草であれ山の木であれ自然界の植物は、人の手によって耕された土地にタネを播いてもらい、誰かに肥料を与えられて育っているのではない。光と空気と水と土さえあればタネは芽生え、自分で勝手に育っていくものであり、そして最後には枯れて朽ち果てて他の生物のエサになり、自ら土壌の一部として降り積もり、次に芽生える植物のための肥料になる。これが人の存在しない、昔から繰り返されてきた生命再生産の仕組みであり、また、農耕技術の基本でもある。

私は、人の手が加わった田畑が自然環境とまったく違った工場のような存在とは思っていない。人は作物が自然界の片隅で育ちたいように育つ手伝いをしてやり、その一部を頂き、残りは土に返す。そこまで単純化してみた後に編み出した農法こそが理にかなった農業であり、哲学でもあると思っている。

野菜や花も元肥ゼロの「への字」栽培。追肥は安い単肥で十分。土はむやみに耕さずに不耕起・半不耕起を作物別に使い分ける。農薬もほぼかけない。「常識」は徹底的に疑ってみる、ということを栽培の基本にし、自分一人でできる専業経営で「ラクして儲ける農業」を追求している。

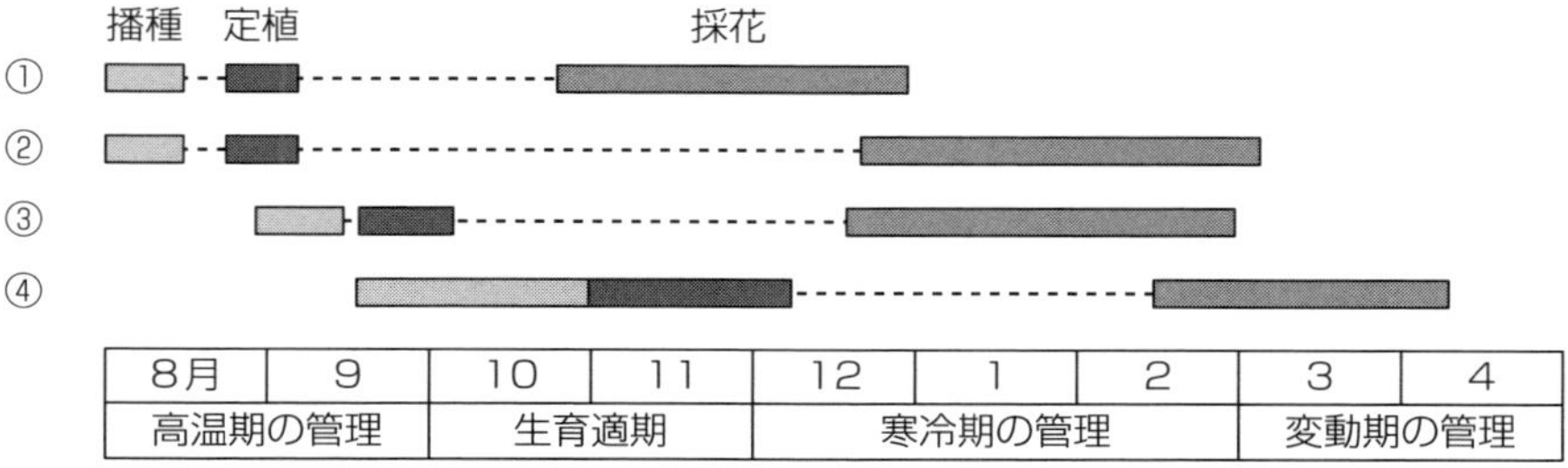

①極早生系品種の年内出し作型
②早生系品種の厳寒期出し作型
③極早生系品種の年末年始・厳寒期作型及びスプレー品種
④早生～晩生品種の春出し作型

図8　ストックの作型と管理の目安

❖イネ育苗、ストック兼用のハウスで

　私の無加温ハウスでの作型は、おもに夏にトウモロコシ、冬にストックを栽培するパターン、冬にトウモロコシ以外の野菜を栽培するパターン、夏からトウモロコシ以外の野菜を連続で栽培するパターンなど、さまざまである（図7）。野菜の連続栽培は、カルシウムを求める順に夏ホウレンソウ、秋ハクサイ、冬エンドウなど、ネット張りっぱなし利用で春インゲン、夏秋キュウリ、冬エンドウなどとなっている。

　ストック栽培（四a）はおもに四作型あり（図8）、稲作（六ha）はへの字栽培で三月上旬から浸種、三月下旬～四月下旬に播種、四月下旬～五月下旬に田植え、八月下旬～九月下旬に稲刈り、十月に調製作業となる（図9）。これらストック栽培と稲作の作業がぶつからないよう野菜を栽培している。

　ストックも含め、私がハウス栽培で組み立てた方法は次の四つである。詳細はそれぞれ該当する項をご覧いただきたい。

・不耕起・半不耕起の組み合わせによってつくられた土壌構造を生かす（2章「耕耘不要！　不耕起で水は

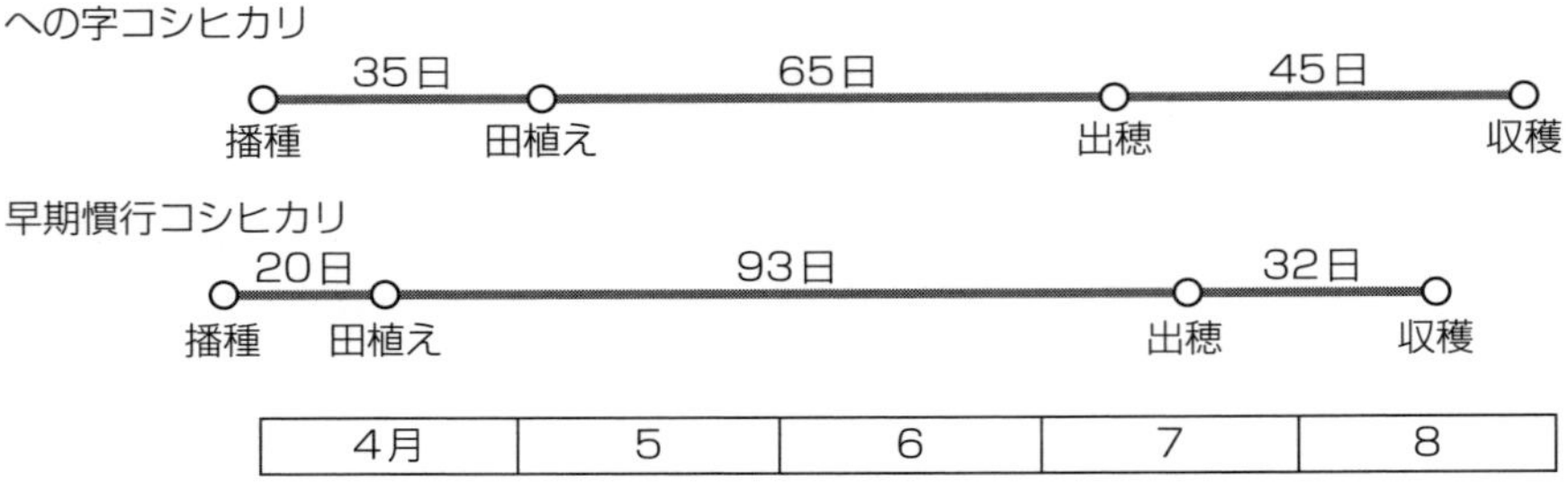

「への字」イネは、ラグ期（最高分けつ期から幼穂形成期までの間）のない効率的な生育をし、出穂も早まるため圃場における管理期間も短縮される。
ただし追肥のタイミングや量は、それぞれの地方や圃場条件によって前後する。イネの顔色を見ながら追肥して、ラグ期がもっとも小さくなる最適な「への字」のパターンを見出そう

図9　私の「への字」稲作　慣行イネ（伊勢平野）との生育の違い

け・水もちのよい土に」の項参照）。

- **作物の肥料吸収パターンを知って少量・多品目の輪作体系を組み、イネ科のスイートコーンを組み込んで土壌クリーン化と有機物補給の一石二鳥をねらう**（3章「堆肥不要！　土つくりは畑にある作物、雑草を活かす」の項参照）。
- **基肥ゼロでスタートし、必要な時期に必要な量の追肥を補い、残肥を極力減らす**（1章「元肥不要！　肥料は作物が必要なときに必要なだけ」の項参照）。
- **ともかくコストをかけないで、できる方法に徹底する**（4章「農薬不要！　病害虫は観察と生態の見極めで防ぐ」、5章「暖房不要！　冬のハウスは夕方かん水で凍害を防ぐ」の項参照）。

1 元肥不要！

肥料は作物が必要なときに必要なだけ

1 懐にも土にもいい施肥を

極端な肥料過剰で作付け不能——五年目の事件

最近、元肥ゼロ・疎植の「への字」稲作は実践もずいぶん増えてきたようだが、畑作やハウス作物への「への字栽培」の展開も、もう少し盛んであっていい。

野原の雑草も山の木も、植物は誰かに肥料を与えられて育っているのではない。光と空気と水と土さえあれば、植物は自分で勝手に育ってゆく。これは、野山であろうと田畑であろうと基本的には変わらない。田畑の環境と自然環境とに違いがあるとすれば、人がそこから「収穫物」を得るために、何らかの形で土の一部を持ち出しているということだろう。そして、自然に任せておくよりも、できる限り有効に土地に「生産」させたいために肥料を与えるのだろう。

私は、すべての作物で元肥ゼロの「への字栽培」を取り入れているが、これを始めたきっかけは平成十年頃、五年ほど連作を繰り返した切り花ストックハウスの定植前の土壌診断結果を見たときである。

「EC二・五、pH五・〇、Caおよび P は必要量の五〇〇~一〇〇〇倍……極端な過剰により作付け不能」——多くのハウス農家の方は経験されることだろうが、新しい土地で最初の二~三年間は、一般的な栽培指針どおりでもほとんど問題はない。しかし、年を重ねるごとに肥料塩分の集積や病気の発生により作柄が不安定になり、作付けを休んでの除塩作業・土壌消毒といった不必要なコストとタイミングロスが発生することになる。

肥料代七割減、手間賃無視でもコスト三分の一に

では、根本的にこのような「対症療法」に頼らず、連続的に生産を続け、かつコストを下げるにはどうすればいいか? そう考え取り組んだのが、「元肥ゼロスタート、追肥は一作ごとの肥料収支を計算しやすい単肥で」という方法であった。つまり、現代の工業生産の基本「必要なものを・必要なとき・必要なだけ」供給する「ジャストインタイム」の考え方である。

「作物が必要とする時期にだけ必要な養分を与える」追肥には、その作物の生育特性をよく理解しておく必要が

エーッ、何も作付けできないの!?

AOKI
だから、EC高すぎ、pH低すぎ、PもCaも過剰!
ハウスの土壌診断票 ○○センター
今まで栽培指針どおりにやってきたのに…

あるが、実際にやってみれば目に見える効果（肥料代大幅減）も見えない効果（その作物の特性が本当にわかる）も大きく現われる。

次ページの表は水田にハウスを建てて十数年、変化を続けた土壌の履歴をまとめたものである（表1―1）。表の上のほうが転換直後の痩せた土壌、下に向かうほど手の加わった肥沃な土壌だが、度を超した肥料の投入は弊害を生む。それぞれの土壌状態に応じた手立てによって改良を施してきた。

二〇〇四～二〇〇五年度のストック栽培を例にして、慣行栽培と私の栽培の費用効果（肥料代の比較）を検証してみよう（表1―2、3）。肥料要素の総投入量で八割、投入金額で七～八割の削減になっており、散布のための時間を考慮せずとも、施肥コストは慣行栽培の三分の一程度と考えていい。また、この肥料投入量の違いが、作物

表１－１　ECとpHから推定される土壌状態

EC	pH	土壌の状態	対策	備考
低	低	やせた酸性土壌（イネには問題なし）	酸性度の改良後、元肥を入れる	○若い圃場 化学性、物理性をそれぞれ改善する
	中	畑作も可能な安定した水田土壌	多肥により高品質・多収が可能	
	高	石灰のみを多投したやせ地	施肥要素のバランスを重視する	
中	低	ほぼ健康な土壌。硝酸態窒素残存？	炭酸石灰で作土層のpHを上げる	○健康な圃場 必要な要素のみを投入し、現状を維持
	中	ほとんどの作物にベストな状態	このままの管理を続ける	
	高	畜糞などの堆肥投入過剰？	単肥化成肥料のみを計画投入する	
高	低	酸性肥料投入過多？ 塩基不足	高炭素率有機質で硝酸を吸着	○肥満状態の圃場 土壌のダイエットにより若返りをはかる
	中	塩分濃度障害の危険大	トウモロコシ栽培、残渣すき込み	
	高	不安定な土壌。塩類障害の危険大	除塩。客土。腐植質の多投	

※表中の色分けは、圃場の要改善度・危険度を示す

安全	やや安全	要改善	やや危険	危険

に利用されず土壌に蓄積あるいは流出した量であり、圃場の環境を悪化させる原因であると考えてよい。

表１－２　切り花ストック10a当たりの経費比較
（2005年度実績）

要目	経費(円) 平均的経営	経費(円) 私の場合	比率(%)
ハウス建設償還費	360,000	245,000	68
被覆ビニール他	386,000	77,000	19.9
種苗費	210,000	108,000	51.4
機械・燃料費	35,000	15,000	42.8
堆肥１t	25,000	—	—
肥料	110,000	26,000	23.6
薬剤費	88,000	6,000	6.8
計	1,214,000	477,000	39.3

表１－３　切り花ストックの10a当たりの肥料代比較

2004年度のJA栽培指針

肥料名	量(kg)	金額(円)
〈元肥〉		
堆肥	1,000	25,000
有機カキ殻石灰	150	5,400
アヅミン苦土石灰	150	7,500
有機6-6-6総合肥料	200	22,300
BM苦土重焼燐	20	2,100
〈追肥〉		
IB　S-1号	60	7,200
有機6-6-6総合肥料	100	11,150
燐硝安カリ	60	6,000
合計	1,740	86,650

2004年度の私の実績

肥料名	量(kg)	金額(円)
〈元肥〉		
有機カキ殻石灰	200	7,500
〈追肥〉		
尿素	40	2,400
硝酸カリ	62	7,000
合計	302	16,900

2 ポイント施肥による追肥

「○○専用の配合肥料」は使わず、単肥を主体に

アブラナ科ならこれ、イモならこれ、イネならこれといった「○○専用の配合肥料」がある。これらの肥料は窒素・リン酸・カリ成分の山が平らとか、少し真ん中が高いとか、数%刻みの違いで成分の配合をほんの少し変えているだけにもかかわらず、付加価値が随分ついている。

野菜の専用肥料（6―8―4）が、一袋だいたい二〇〇〇円として、尿素（窒素成分四六%）が一一〇〇円。それで窒素の成分量は八倍近く違う。窒素優先に効かせたい場合、尿素なら使う量はほんのわずかですむ。野菜専用の配合肥料といっても、作物によっては必要ない肥料分も入っているし、どの圃場にも同じようにやったら、必ず食い残しが出てしまう。だから私の場合、土にたまる肥料分の収支がわかりやすいように施肥は単肥主体である。

夏は土壌の盛んな硝酸化成作用（バクテリアによるアンモニア、硝酸への変換）を活かして安価な尿素（ＩＢ）を使う。冬は低温のため、そのような作用が期待できないので硝安（現在はリン硝安カリ）を使う。ＩＢは長効きし、リン硝安カリは硝安よりも緩やかに効く。

単肥は配合よりラクでおトク

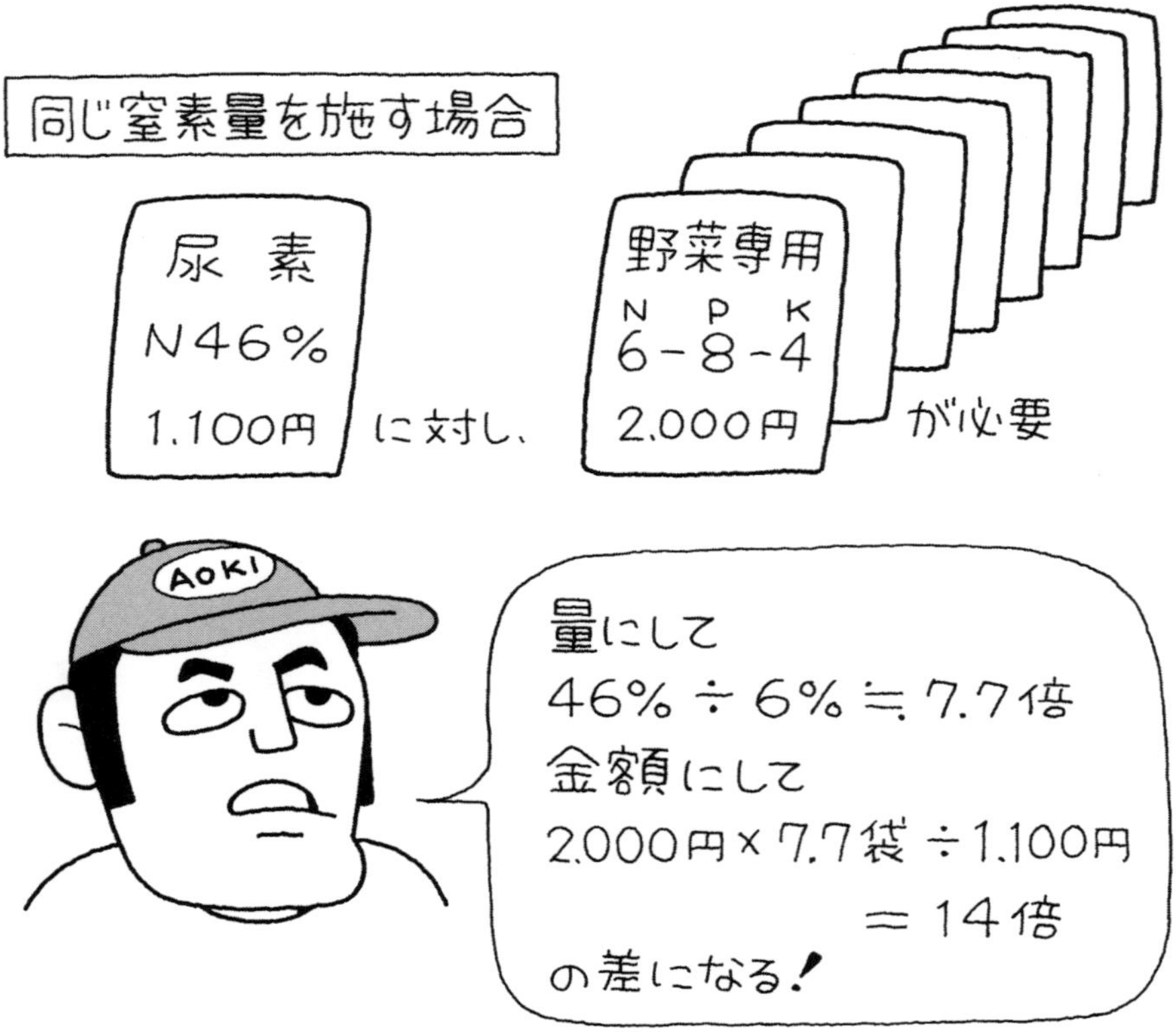
同じ窒素量を施す場合
尿素
N46%
1.100円
に対し、
野菜専用
N P K
6-8-4
2.000円
が必要
AOKI
量にして
46%÷6%≒7.7倍
金額にして
2.000円×7.7袋÷1.100円
＝14倍
の差になる！

ただし、単肥は低コストで使い勝手がよい肥料であるが弱点もある。成分が高濃度でしかも即効性であるがために、肥料同士の組み合わせによっては作物に害を出すこともある。たとえば土壌酸度矯正のためにすき込んでおいた石灰と、その後に施肥した窒素肥料が反応を起こしてアンモニアガスが発生して根が障害を受けたり、硫酸根とカルシウムが結びついて土中でコンクリート（石膏）を生産してしまったり……。単肥を使いこなすには特性をよく知っておく必要がある。

有機質資材はC／N比一五～二〇を境に使い分け

とはいえ、私は過去十数年の農業経営で化学肥料のみならず、有機質資材も使用してきた。結局「双方をうまく取り混ぜて使う」というところに落ち

表1－4　代表的な有機資材のC/N比

有機物の種類	炭素量(%)	窒素量(%)	C/N比
麦稈・モミガラ	40～45	0.5～0.7	60～80
イナワラ	40～45	0.7～0.9	50～60
トウモロコシ残渣	40～45	2.0～3.0	15～20
牛糞堆肥	35～40	1.5～2.0	15～20
ナタネ油カス	40～45	5.5～6.0	7～8
鶏糞	30～35	5.0～5.5	6～7

着いている。ただし、「施肥」と「土づくり」はそれぞれ別のものとして考え、混同しないように心掛けている。これは、土壌を「化学性」と「物理性」とに分けて考えると理解しやすい。

化学性とは、施肥による土壌中の肥料成分量の増加、土壌微生物による分解などの化学変化、作物の生育や収穫物の運び出し、流亡による成分の減少など、計測器や土壌分析によって数値で表わせる土の状態をいう。物理性とは、気相・液相・固相の三相に由来する排水性、保水性の良否や土壌水分量、耕耘の度合いや団粒構造のでき方の違いによる作物の生育や作業性の良否、腐植や粘土鉱物の量による管理のしやすさなど、たぶんに感覚的な土の状態をいう。

植物にとって土壌とは、食べ物であると同時にすみかでもある。それぞれの作物に必要な食べ物（肥料）を「化学的」に、作物の居心地のよさと作業者の作業性のよさを「物理的」に管理すればよい、ということになる。

上の表は代表的な有機質資材を炭素率で比較したものである（表1―4）。有機物はC／N比一五～二〇くらいを境にして、それよりも低い場合は化学肥料と同じような作用があり、高い場合は土壌改良剤としての特性を発揮する。

作物は元肥なしで十分に生育、全面全層施肥はムダ

圃場は個々それぞれに、土壌条件も過去の栽培履歴も一様ではないので、まず土壌分析などで現状を把握することから始める。肥料がたまっていれば元肥を入れる必要はない。開墾した山土でもない限り、ほとんどの作物は元肥なしでも十分に生育がスタートする。かえって生育初期にECが高いと充実した株にならない。

元肥を全面全層に入れると、ベッドの中は根の張らない場所までもまんべんなく肥料が入ることになる。たとえば、ハクサイの根っこを抜いてみる

と、根圏は浅く狭く、吸われない場所にある肥料は雑草を旺盛にするか、流亡するかである。キャベツも肥料を全層に入れると、むしろ生育ムラが出やすい。すると初期生育がいいものはどんどん大きくなって、小さいものは負け、収穫のときに一kgのものと五〇〇gにも満たないものができてしまう。

　そのため、私は元肥ゼロでスタートし、局所施用で根を誘導するポイント施肥や、低コスト省力的なかん水施肥で追肥していく（図1―1）。むしろ、どうして世の中が元肥主体なのか理解できない。教えてほしいくらいである。

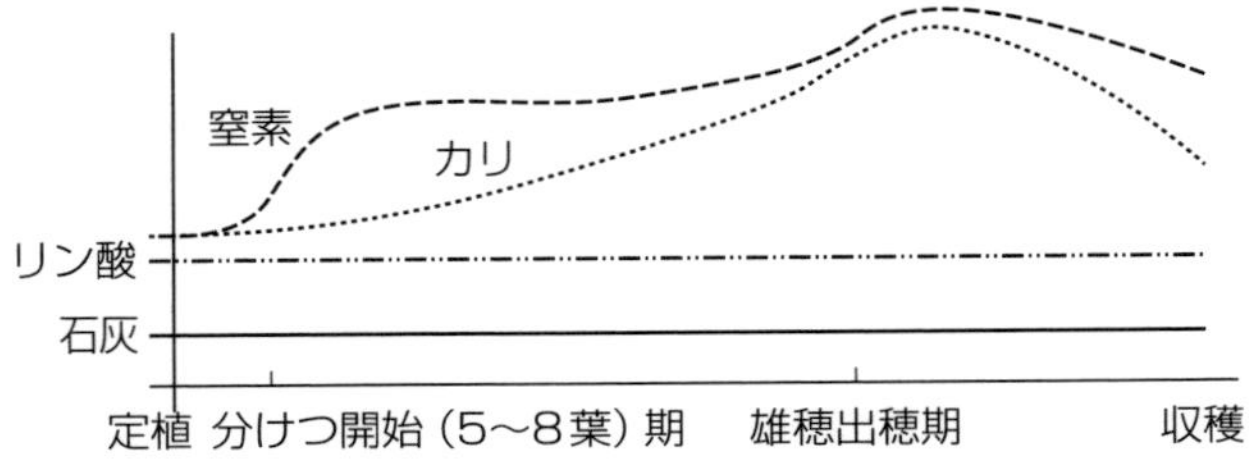

・前作の残肥を利用し、元肥は一切入れずに定植する
・第7葉出葉時（幼穂分化期）、2、3本の分けつが出る状態を肥効の目安にして、必要ならば1回目の追肥を行なう
・雄穂出穂期以降の肥効がコーンの品質に大きく作用するので、このころの活力を落とさないよう2回目の追肥を行なう

図1―1　作物の施肥パターン（トウモロコシの例）

　ただ、私のハウスは水田の転作畑で、放っておくとpHが四・〇くらいと低いので、石灰だけは元肥にする。といっても全面全層ではなく、半不耕起ベッドをつくるとき、地元産の安いカキ殻石灰をウネ芯に層状に入れてやる。この層を根が下に突き抜けて石灰を吸収し、さらに土寄せで石灰混じりの土が株元に集まり、その中を新しく出てきた根が通って石灰を吸収する。土寄せは株がグラグラしないようにするためだけでなく、節から新しい根を出すためでもある。

ムラがなくなる ポイント施肥、かん水施肥で追肥

　いろいろな追肥法を試し、行き着いたやり方は、四条植えキャベツなら、四株植わっているちょうど対角線上のど真ん中にピンポイントでやる方法である（図1―2、3）。こうすると、ベッドの中は肥料濃度の濃い場所と薄い場所ができる。そこがミソで、野菜は肥料が欲しいと思ったら、その場所に新しい根を伸ばして、自分が食べたい分だけ食べにくる。さらに、根は競い合うように食べにくるので、生育もよくなりムラもなくなる。もちろん肥料もほんのわずかでいい。

　キャベツやハクサイなどに追肥する

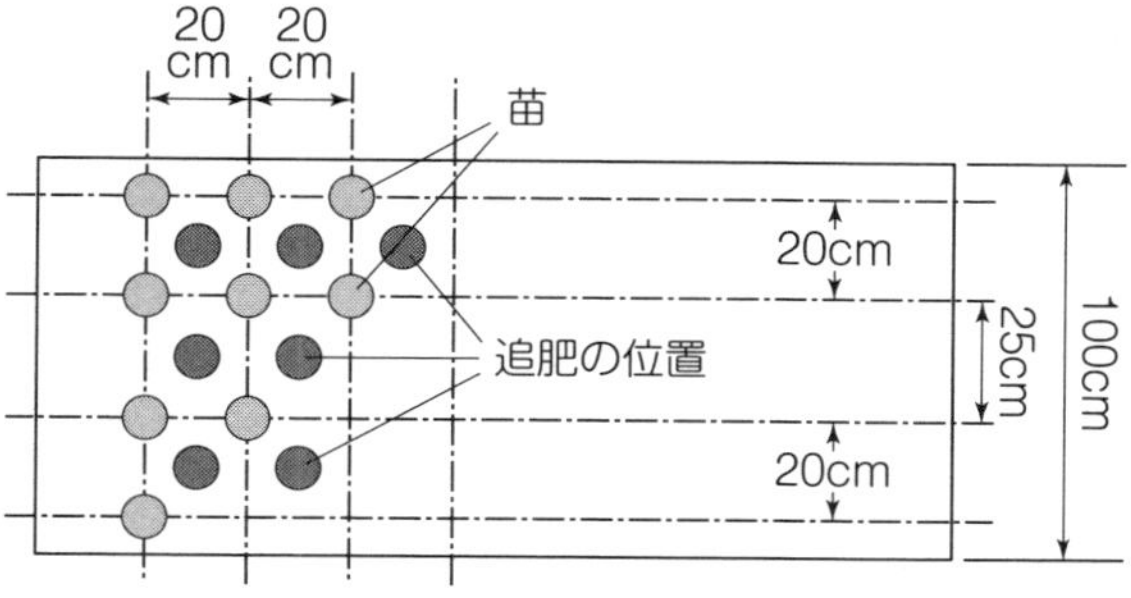

図1－2　ミニハクサイ・ミニキャベツの定植間隔と追肥場所

拡大してみたところ。肥料を食べに集まってきた根

取り残しのキャベツがあったので、4株の真ん中を覗いてみると、そこだけ根が出ている

図1－3　追肥したところに根が伸びる

とき、一つの場所に置く尿素の量はだいたい二〇gである。これは一〇a当たり窒素成分で一〇kgの計算になる。圃場によっては土質や肥料の残り具合も違うので、生育具合を見て調整するが、この量をまくたびに、わざわざ量るのは面倒である。私の場合、片手に一握りの尿素の量がだいたい八〇gなので、それを四カ所に分けて置くだけである。自分の手のひとつかみが何gくらいかを知っておくと便利である（図1―4）。

また、ストックなどでの追肥は通常かん水による液肥施用である。液肥は単肥を一tタンクで水に溶かし、エンジンポンプによる手かん水なので、液肥混入器もかん水チューブも必要ない。たとえば硝酸カリ（13―0―44）

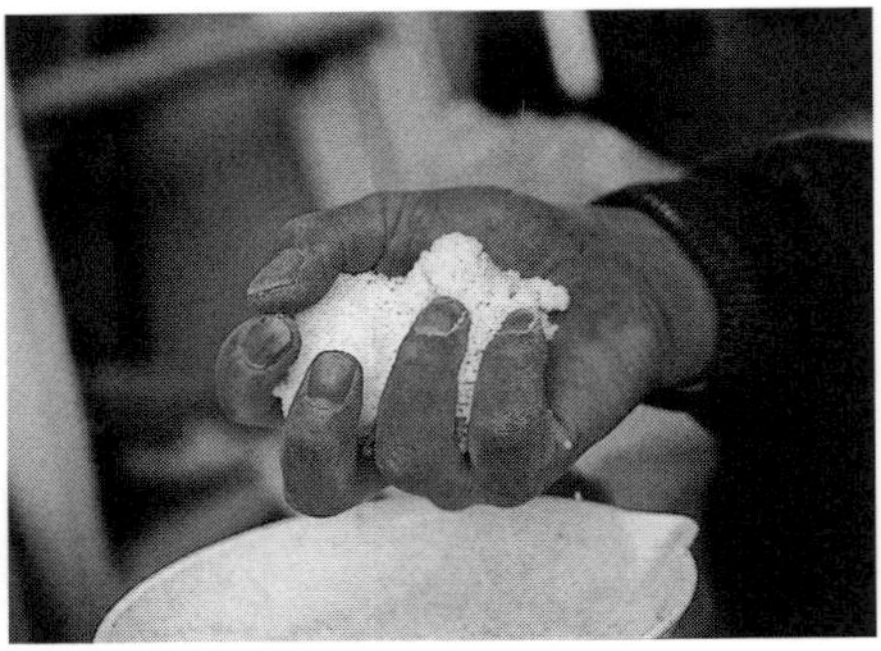

尿素を片手でひとつかみ。量ってみると……

たしかに、ほぼ80g

図1－4　ひとつかみの量を知っておくと便利

は、三kgの肥料を一tの水で溶かせば三三〇倍液肥がつくれるので、これを一回当たり一〇t、かん水代わりに必要時に散水すれば施肥は完了。この場合、施した成分量は窒素が三kg、カリが一三kgとなる。

ただし、液肥を近接散布する場合には葉面への塩類集積を避けるため、液肥→かん水→液肥のローテーションを守る。

❸ 単肥の使い分け（窒素を例に）

土壌中で起きている化学変化を手のひらで実験

「さて肥料をまくか」と思ったときにでも、手のひらにほんのひとつまみ、硝安や硫安などの即効性窒素肥料と消石灰をとって指で混ぜてみるとよい（図1—5）。鼻をつくようなアンモニアガスが発生する。これは鶏糞や牛糞など窒素成分の高い有機肥料でも同じである。しかし、相手が炭酸カルシウムだとこのような反応は起きな

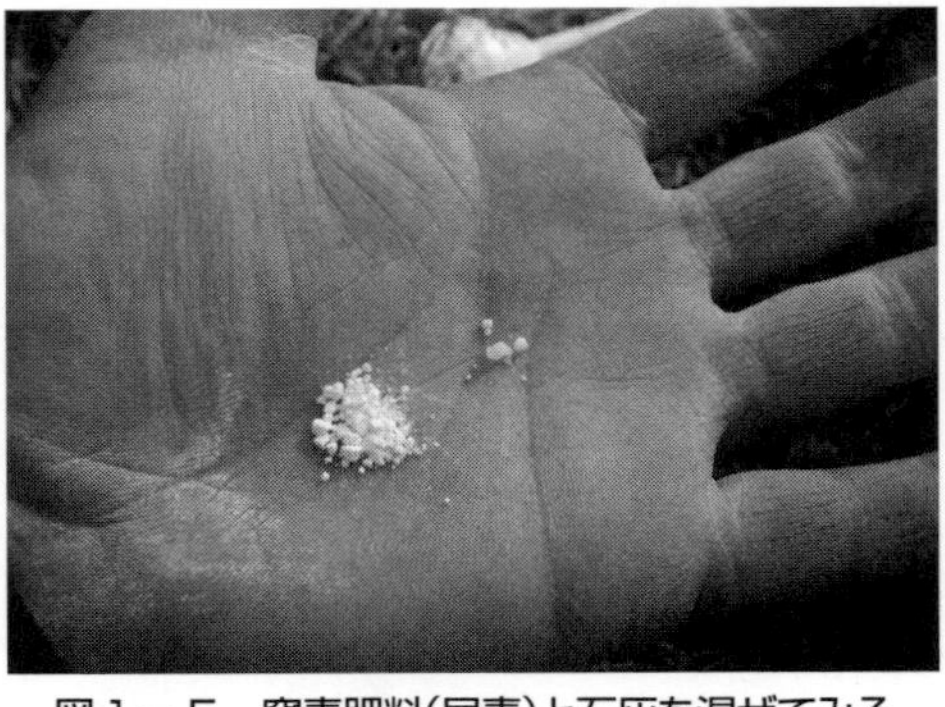

図1－5　窒素肥料(尿素)と石灰を混ぜてみる
鼻をつくようなアンモニアガスが発生

表1－5　窒素単肥の分類と特徴

分類	肥料名	窒素成分量(%)	水溶性	肥効	特性など
即効性の肥料	硝酸アンモニウム（硝安）	33	非常に高い	即効性	強酸とアンモニアとの化学反応で作られた肥料塩。水に溶けやすく即効性
	塩化アンモニウム（塩安）	25	高い	即効性	
	硫酸アンモニウム（硫安）	21	高い	即効性	
化学合成の有機肥料	尿素	46	高い	即効性	化学合成により作られた有機物。尿素以外は水溶性がほとんどなく、多くは生物による分解で肥料化する
	IB窒素	32	非常に低い	緩効性	
	オキサミド	32	非常に低い	緩効性	
複合肥料	硝酸カルシウム	10	高い	即効性	肥料要素同士を反応させた化合物。単肥の混合により製造された定義上の複合肥料とは作用性が違う
	石灰窒素	21	—	中	
	リン酸アンモニウム（リン安）	12	高い	即効性	

い。また同じ消石灰でも、窒素肥料のほうを緩効性のＩＢ窒素などに変えればこれまた反応は起きない。

　これらの実験は実際の土壌中で起きている肥料の化学変化のシミュレーションであるが、たとえば土壌pH改善のために投入したい石灰質資材とその後に施したい窒素肥料の相性や、ウネ立て時の施肥位置の決定、つまり、ウネ芯施肥が良いのか？　全層施肥か？

　また作物栽培中にもウネのどの位置にどんな肥料を追肥すればよいのか？　などを考えるときの参考になる。

　このような「肥料間の相性」を理解し、配慮するだけで、肥料の使用量も流亡や気化に伴う肥料成分の損失も劇的に減らすことができ、安い単肥を効率良く使うことで施肥コストを大きく下げることもできる。上の表はごく一般的で手に入りやすい窒素単肥の特性をまとめたものである（表1―5）。窒素肥料は製造工程や要求される特性の違いなどからいくつかのグループに分けられる。

硝安、硫安など、昔から馴染み深い即効性の肥料

　第一のグループは塩酸、硫酸、硝酸などの強酸と強アルカリ性のアンモニアとを化学反応（中和）させてつくる簡単な塩《えん》である。どの肥料も乾燥状態では安定している物質であるが、水に

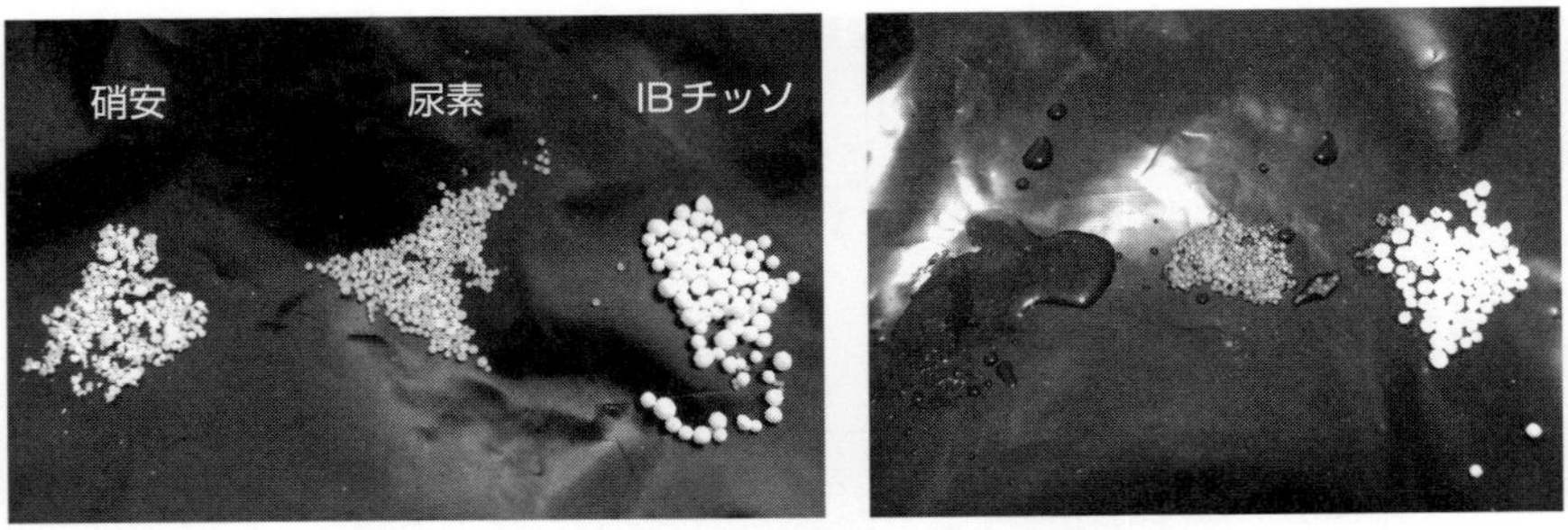

図1－6　即効性窒素肥料の吸湿性

硝酸アンモニウム（硝安）は空中の湿気を集めて自ら溶けてゆく（右は24時間後の状態）

溶けると酸イオンとアンモニウムイオンに分かれ（加水分解）、それぞれのイオンは別々の振る舞いをし始める。

たとえば硫安の場合、水に溶けることでアンモニアと硫酸イオンはバラバラの状態になる。このうちアンモニアは植物に利用されたり土壌に吸着されたりして安定状態になるが、もういっぽうの硫酸イオン（硫酸根）は不安定な状態のまま漂っているために土壌を酸性化するのである。バッテリーの電解液を畑に撒いたのと同じ状態である。

硫酸根が安定するには土壌中で新たなアルカリ性の物質と結びついて中和する必用があり、畑やハウス土壌の場合には石灰がその最大の相手になる。土の中で日常的に起きているこの反応を化学式で書けば「硫酸＋水酸化カルシウム＝水＋硫酸カルシウム」。つまり、硫安は最終的に硫酸カルシウム（石膏）として土壌中に蓄積されてゆく。これが「単肥や石灰を多投すると土壌が酸性化し、カチカチに固まって劣化する」といわれるゆえんである。

硝酸アンモニウム（硝安）は非常に吸湿性の高い肥料で、容器から出して放置しておくと空中の湿気を集めて自ら溶けてゆく（図1―6）。また、硝安（NH_4NO_3）をつくっている物質は硝酸（NO_3）とアンモニア（NH_4）だけなので、水に溶けたその場で効き始める極めて即効性の肥料であり、後々に副生物を残さないクリーンな肥料ともいえる。低温乾燥下で土壌微生物の活性も低い厳寒期、キャベツやブロッコリーなどアブラナ科の露地野菜には抜群の効果があるが、高温多湿な夏には活性が高過ぎて使いづらい肥料でもある。

尿素など化学合成の有機肥料、リン安など複合肥料

第二のグループは、尿素など窒素成分が四六％と高い割には穏やかな特性を持っており、水にも溶けやすいので追肥や液肥として使いやすい単肥である。窒素肥料中では一番コストパフォーマンスのよい肥料であるが、土中で分解する過程で石灰と反応してアンモニアガスが発生し、根焼けや葉焼けを起こすことがあるので、消石灰や生石灰との近接散布は避けるようにする。

IB窒素やオキサミドなど大きな分子構造を持った窒素肥料はほとんど水には溶けず、バクテリアなどの微生物のエサになって分解された後に初めて窒素成分として効きだす、という有機的な特性を持った緩効性肥料である。粒状IB窒素の場合、肥効期間は夏場の畑でも一〇〇日前後あり、他の肥料と化学反応を起こすこともないので、長期間収穫する果菜類の元肥などに最適である。

第三のグループは窒素成分の相方がリン酸やカルシウムなど他の肥料成分である化合物である。複数の肥料要素を含んでいるため一般的には複合肥料として扱われるが、水に溶けて分解した時点で肥料成分以外の硫酸根や塩酸根などの副生物を残さないので、水耕栽培用の液肥として、あるいは畑作用の複合液肥として利用すると便利である。

4 生育パターン別の施肥法

私は、つくっている野菜の生育パターンを大まかに次の三タイプに分けて考え、タイプごとに施肥のやり方を変えている。

栽培期間が短く、栄養生長主体
——前作残肥で

ホウレンソウ、キャベツ、ハクサイ、ブロッコリーなど、花まで咲かせずに葉の時点で収穫するグループである（図1―7）。基本的には体をつくるための窒素成分があればいいので、使う肥料は安い単肥の尿素のみ。

私の場合、ホウレンソウなどは不耕起ベッドで次々と連続してつくり、キャベツやハクサイなどは極早生のミニ品種である。ほとんどの野菜が六〇日以内の収穫なので、前作の残肥で十分。実際、ホウレンソウでも元肥はほとんど入れず、「生育が悪いな」と思ったときだけ、尿素をパラパラまく程度である。

キャベツは規則正しく数日間隔で葉の

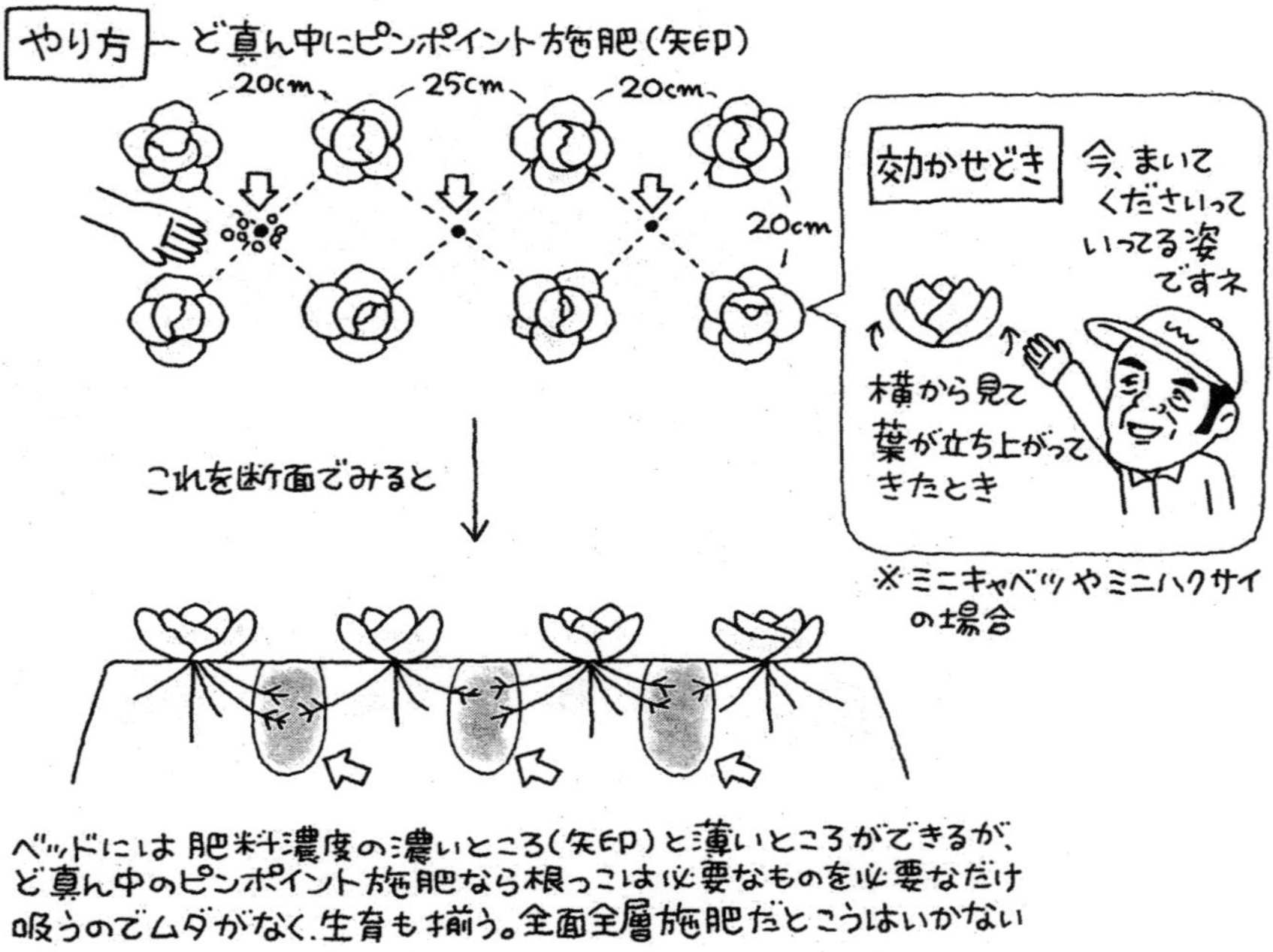
やり方
ど真ん中にピンポイント施肥（矢印）
20cm
25cm
20cm
20cm
効かせどき
今、まいてくださいっていってる姿ですネ
横から見て葉が立ち上がってきたとき
※ミニキャベツやミニハクサイの場合
これを断面でみると
ベッドには肥料濃度の濃いところ（矢印）と薄いところができるが、ど真ん中のピンポイント施肥なら根っこは必要なものを必要なだけ吸うのでムダがなく、生育も揃う。全面全層施肥だとこうはいかない

ホウレンソウなどの葉物は前作の残肥で十分、あえて効かせどきがあるとすれば結球野菜

図1−7　終始栄養生長するタイプの施肥法
（ホウレンソウやキャベツ、ハクサイ、ブロッコリーなど）

展開と根の伸長を繰り返す。本葉五〜六枚の頃、ある日突然、葉が立ち上がる。これが表層根が伸び始める合図なので、このときに尿素を追肥してやる。

大きな生育転換がある
——転換時にピシャリと

トウモロコシなど、栄養生長から生殖生長へと、大きく生育の方向が転換し、欲しがる肥料要素が変わるグループである（図1—8）。このタイプは生育転換期を知ったうえで、必要な肥料をピシャリと効かせるのがコツ。たとえばトウモロコシでは分けつ期と出穂期が施肥時期である。一回目の追肥は本葉が八枚になったころ。分けつを二〜三本、確実に出させて、葉面積をかせぐために尿素（窒素成分で一〇a当たり二〜三kg）をやる。ここで実の大きさが決まる。

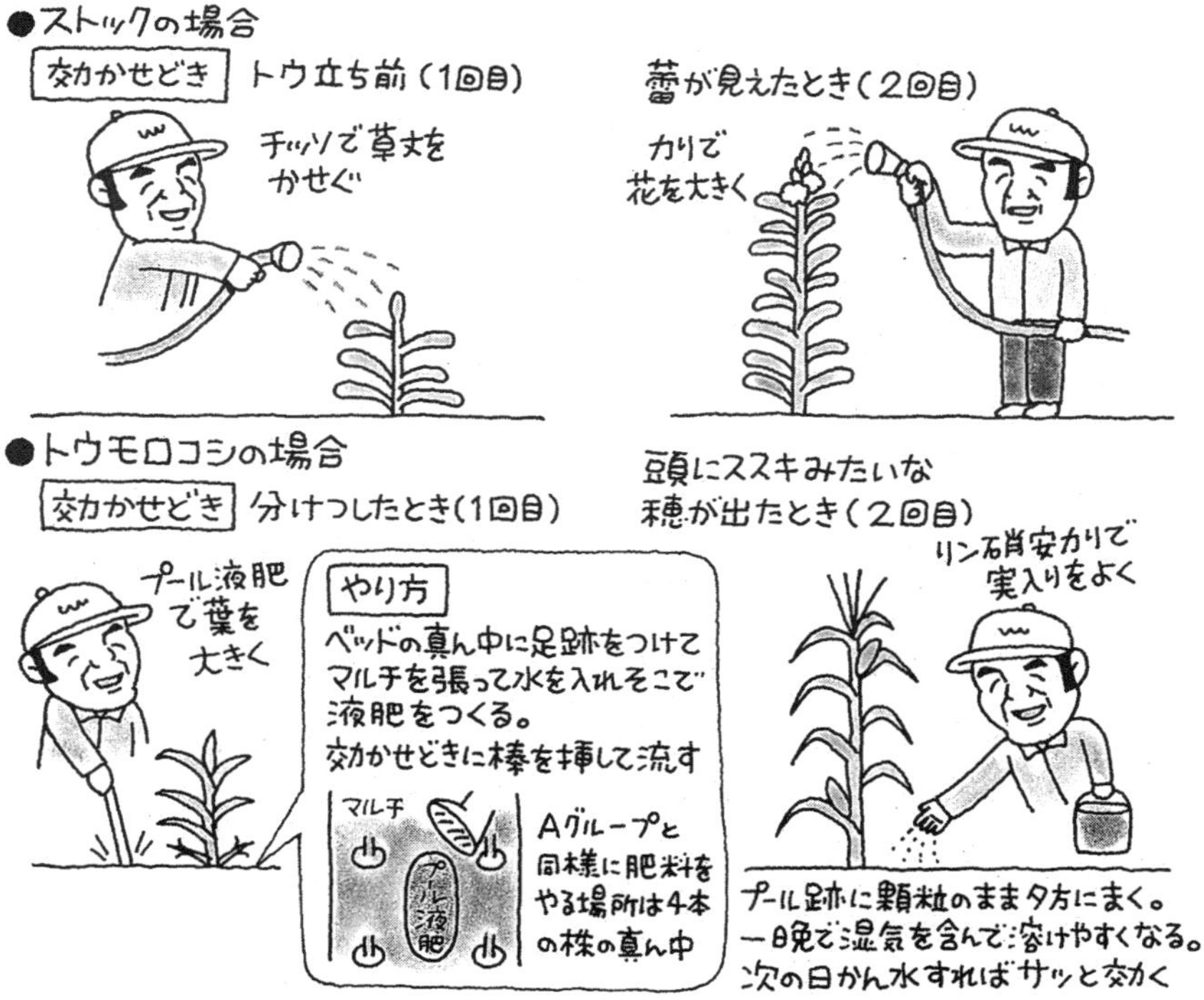
●ストックの場合
効かせどき
トウ立ち前（1回目）
チッソで草丈をかせぐ
蕾が見えたとき（2回目）
カリで花を大きく
●トウモロコシの場合
効かせどき
分けつしたとき（1回目）
プール液肥で葉を大きく
やり方
ベッドの真ん中に足跡をつけてマルチを張って水を入れそこで液肥をつくる。
効かせどきに棒を挿して流す
マルチ
プール液肥
Aグループと同様に肥料をやる場所は4本の株の真ん中
頭にススキみたいな穂が出たとき（2回目）
リン硝安カリで実入りをよく
プール跡に顆粒のまま夕方にまく。一晩で湿気を含んで溶けやすくなる。次の日かん水すればサッと効く

図1－8　作の途中で生育転換するタイプの施肥法
（ストックやトウモロコシなど）

二回目の追肥は頭にススキのような穂（雄穂）が出たとき（葯が破れ始めたとき）。その三日後にコーン（雌穂）のヒゲが出てきて受粉する。受粉期間はたったの一〇日間なので、ここが重要な効かせどき。しっかり受粉できないと実入りが悪くなってしまう。速効性の肥料がよく、水溶性のリン硝安カリ（あさひポーラス）二袋（合計四〇kg）を使う。スーッと溶けて、スーッと浸み込み、その日のうちに吸収されるのがよい。

肥料代は、慣行だと一〇a当たり約三万円かかるが、二回の追肥で五〇〇〇円ほど。

栄養生長と生殖生長を繰り返す
——ジワジワと

シシトウ、ナス、ピーマン、トマト、キュウリなどの果菜類で、栄養生長と

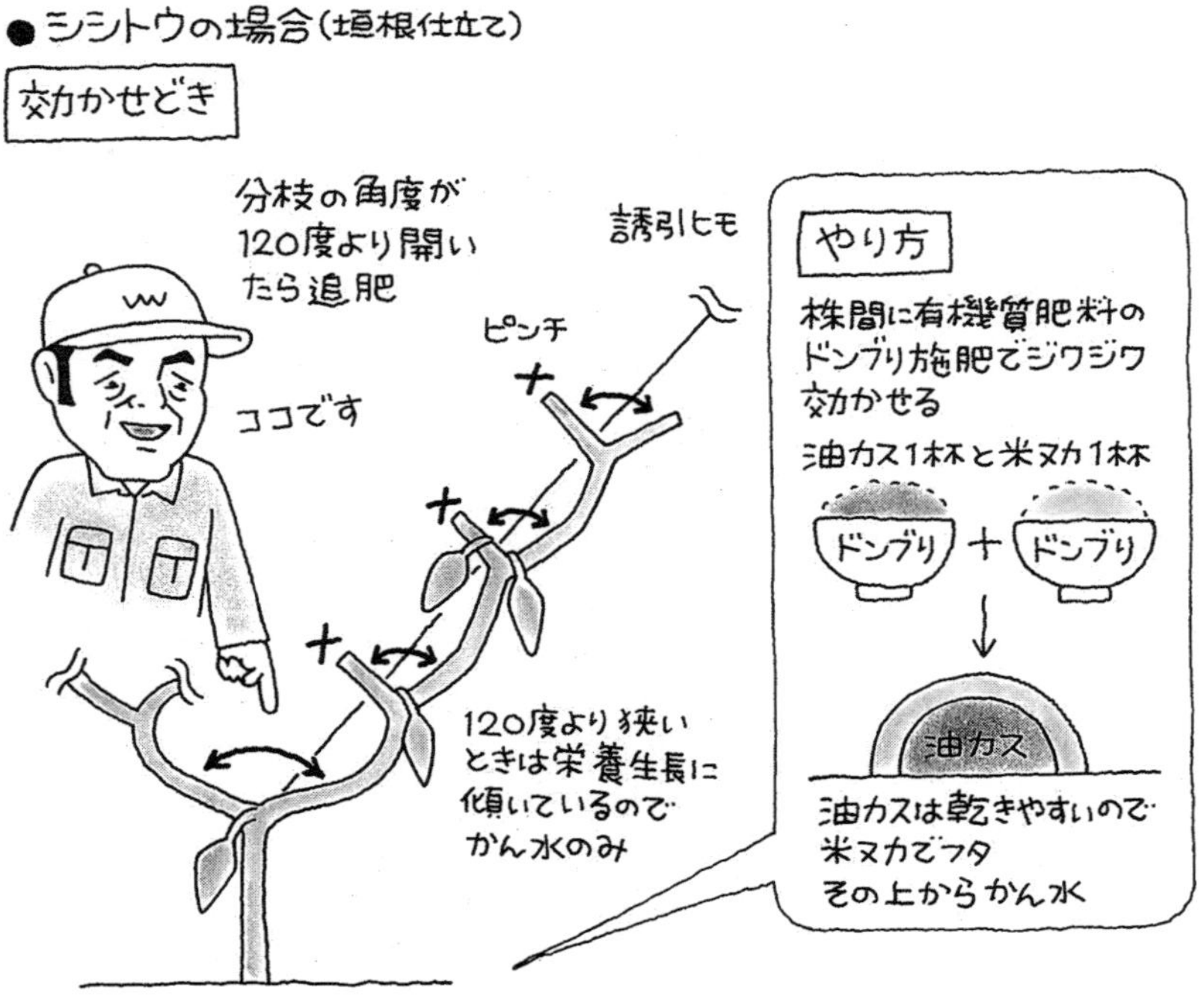
●シシトウの場合（垣根仕立て）
効かせどき
分枝の角度が120度より開いたら追肥
誘引ヒモ
ピンチ
ココです
120度より狭いときは栄養生長に傾いているのでかん水のみ
やり方
株間に有機質肥料のドンブリ施肥でジワジワ効かせる
油カス1杯と米ヌカ1杯
ドンブリ
ドンブリ
油カス
油カスは乾きやすいので米ヌカでフタ
その上からかん水

図1－9　栄養生長と生殖生長を繰り返すタイプの施肥法
（シシトウやナス、ピーマン、トマト、キュウリなどの果菜類）

生殖生長のどちらかに傾いてしまうと実がまったくとれないか、長期間中休みしてしまうグループである（図1―9）。たとえば、シシトウやナスなどでは花が咲いてから苗を植え、一果目の着果を確認したら追肥開始。その後は樹の姿を見て追肥をするか決める。分枝の角度が開いてきたら、やりどきの目安。

肥料はゆっくりジワジワ効かせたいので、有機質の油カスと米ヌカをドンブリ一杯ずつ山のように株間に置く。そこにかん水すると、一週間もしないうちに真っ白な菌で覆われる。化成肥料は効きも切れも速く、ジグザグ肥効になってしまうから使わない。油カスがなければ、ナタネカスでも魚粉でも、台所の残飯でもいい。油カスは地元の製油工場の廃棄物だから二〇kgで四八〇円ほどと安く、米ヌカは自分の家のものなのでタダである。

2 耕耘不要！

不耕起で水はけ・水もちのよい土に

1 不耕起で土が変わる

土は自ら肥沃になっていく力を持っている

堆肥が十分に投入されて丹念に耕され、草一本生えていない畑を見るのは気持ちのよいものである。しかし、人為的にフカフカに耕した土に植えられた作物は、本当に気分よく過ごしているのだろうか？

よく考えてみれば、身のまわりの野や山には深く耕された場所などない。そして、砂漠や災害跡地でもない限り、石垣や岩の割れ目から、道路の舗装を突き破って、ほとんどどんなところにも植物は生えてくる。もともと植物は、そのような厳しい環境に適応して生きてきた。

わが家の裏山には、今は人が通らなくなった古い道路がある。人通りが絶えてしばらくすると、疎《まば》らに弱々しい草が生え始め、枯れてはまた生え、世代交代を繰り返す。三〇年ほど経た今、その場所は背丈を越す藪に覆われ、地面は畑よりもフカフカの肥沃な土になっている。

本来、土壌というものは、さまざまな生物を生産しつつ、それらの生命活動によって自ら耕され、降り積もり、痩せることなく自然に肥沃になってゆく力を持っているのではないだろうか。

構造が不均一で透水性ほぼゼロの強酸性土壌

私が現在、おもにハウスと露地畑として使用している四〇aの圃場はもともと遊水地である。三〇年ほど前に河川改修工事が行なわれて水田となったが、隣接する川の氾濫により、何度も地形の変形をこうむった履歴のある圃場である。

三方を河川堤防と埋立地の擁壁に囲まれ、一連の未整備水田の最下流に位置するため排水性が悪く、豪雨時にたびたび浸水した。過去六枚あった小区画の水田を自力で整地し、半分の二〇aをハウスに利用しているが、現在も古い地形に由来する土質、土壌水分、地下構造の不均一の影響を受け続けている。

図2—1はその圃場と、それを上下に切ったときの土壌断面である。表土二五cmはほぼ均質な粘土質を含む壌土であるが、縦方向の構造は一定でなく、川砂で埋め戻された堤防決壊時の池がそのまま埋まっている状態であ

どっちの土がいいでしょう?

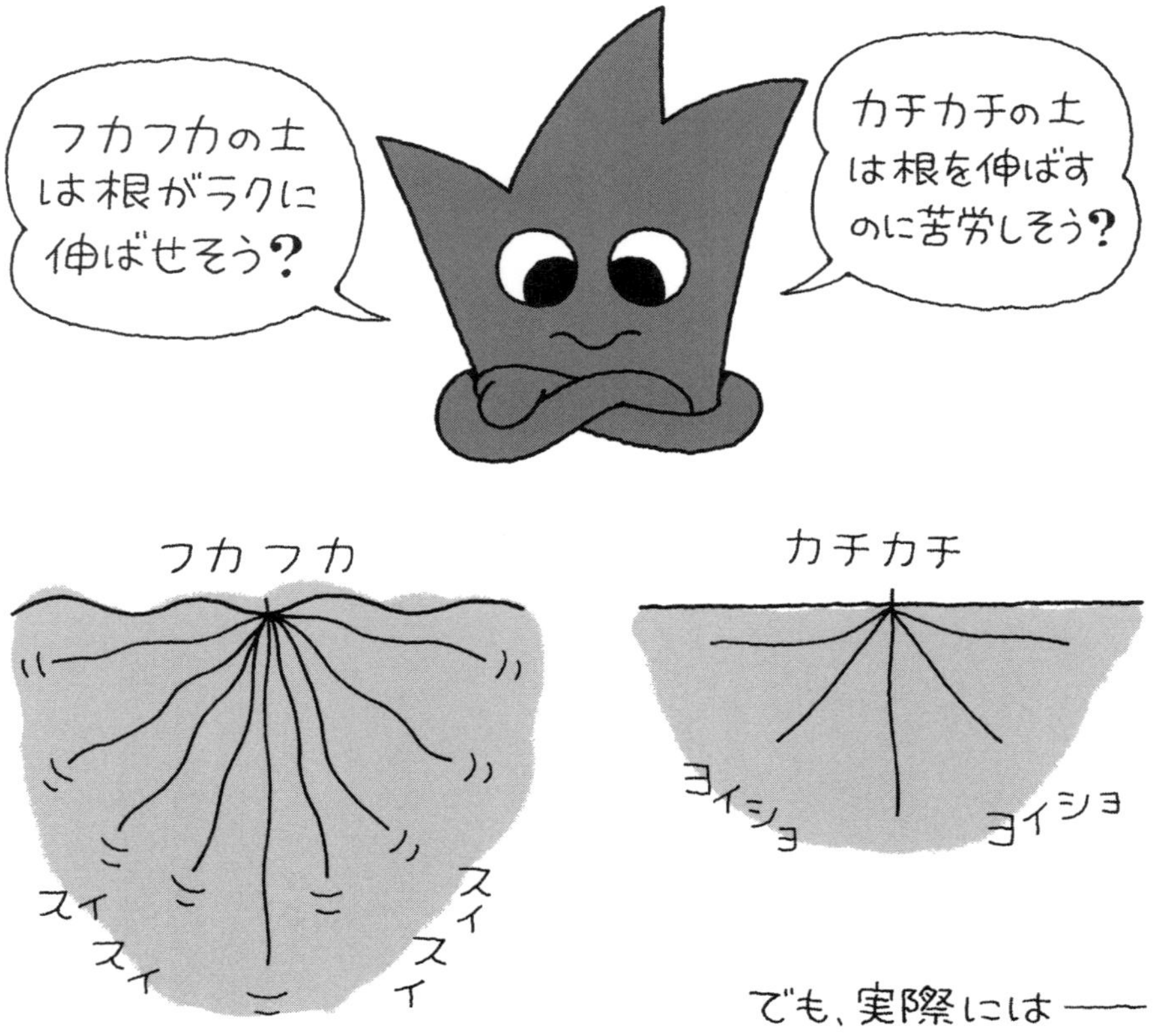
フカフカの土は根がラクに伸ばせそう?
カチカチの土は根を伸ばすのに苦労しそう?
フカフカ
スイ
スイ
スイ
スイ
カチカチ
ヨイショ
ヨイショ
でも、実際には——

る。これより下は岩盤状の緻密な粘土が三〇m以上堆積しており、透水性はほぼゼロ、地下水脈もない。また、水田にはありがちな強酸性土壌である。このような土地条件が、私の現在の農業経営と耕作方法を方向付けてきたのである。

　この場所で営農を開始した当初の数年間、私は、簡易ハウスでの冬作切り花ストックと夏作半促成モロヘイヤの輪作体系で、栽培指針に忠実な作業を心掛けた。毎作、堆肥と石灰を投入し、できるだけ深起こしを心掛け、フカフカのベッドに定植ができるよう努力した時代であった。

土と水にまつわる問題は「耕さない」で解決

　しかし、年に一、二回はハウス内まで冠水するような環境であるため、フ

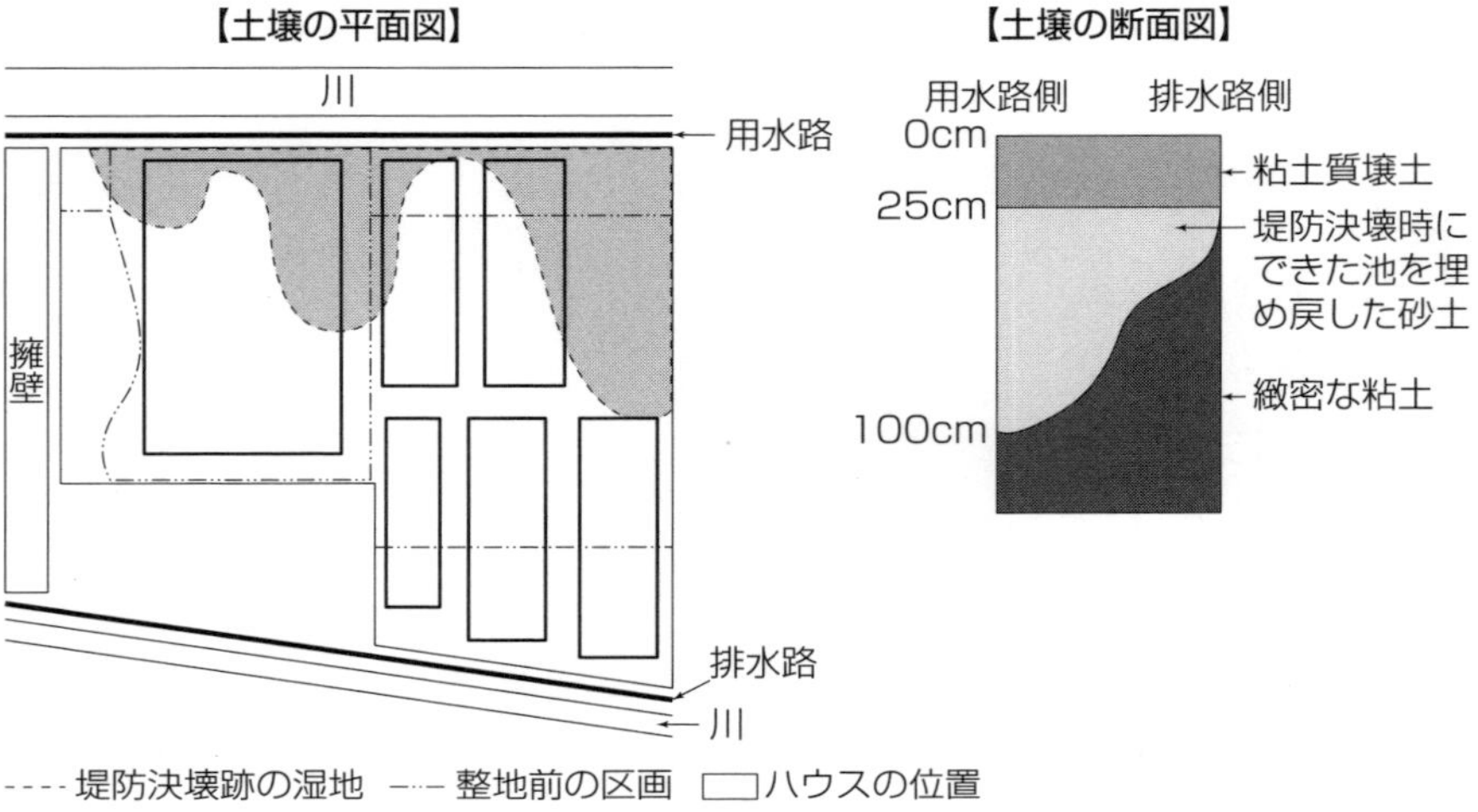

図2－1　ハウスおよび露地畑の圃場（40a）の土壌の歴史

カフカのウネが一夜にして代かきをしたような泥沼に変わり、何日かあとには、レンガを敷き詰めたようにガチガチの土に返ってしまう現実をたびたび体験した。

それでなくとも、よく耕起して単粒化した粘土質の土が水を含むと、農作業にとってじつに扱いの悪い土になる。圃場を歩いただけで長靴に泥が付いて大きなダンゴになり、かん水ホースが重くて引っ張ることができず、適期作業ができず手作業は重労働。作付け計画が予定どおり進まないのが常であった。

排水溝との落差がほとんどないため暗渠工事はできず、地下の厚い粘土層の影響で浸透による排水も期待できなかった。隣接する農地への影響を考えれば、客土による嵩上げも不可能であった。それでもこの土地で営農を続けるにはどのような方法があるのか？　何年か試行錯誤が続いた。

結局、これら土と水にまつわる問題は触らぬ神に祟りなし、「耕さないこと」で多くが解決した。平坦で透水性のない水田転換畑の粘土質土壌は、排水性のよい傾斜地や砂丘地の耕作方法とは違って当然である。作物にとって生育しやすい環境と私にとってラクな作業環境が両立するならそれでよく、ほかの先行産地の農家が確立した「その土地」「その人」に適したやり方を忠実に真似る必要などない。そう気付いたとき、初めて現在の私の耕作方法の基本「不耕起・半不耕起」に辿り着いたのである。

不耕起栽培で土壌の透水性、保水性が改善

不耕起ウネで連続栽培二年目のハウスでは、トウモロコシ↓カリフラワー↓ツルインゲン↓キュウリ↓スナップエンドウを連続して作付けている（図2―2）。

スナップエンドウが育っているこの三五〇m^2ハウスは、二年前水田に建設したものである。初年度初作付けのために耕起して以来、不耕起のまま連続して作物をつくっている。スナップエンドウの背後の枯葉は、前作夏キュウリのものである。さらに、キュウリの蔓は前々作インゲンを足掛かりにして生育している。

前年に栽培したカリフラワーの残渣は、花蕾収穫終了後刈り払ってウネの上にマルチしておいたが、いつの間にかすべて分解されて消えていった。作物の残渣やウネに生えた雑草は、その場所に刈り倒して放置することで、手

インゲン後のキュウリの芽（春）

キュウリの最盛期（夏）

キュウリ後のスナップエンドウ（秋〜冬）

図2－2　不耕起連続栽培

間もムダもなく自然に土の表面で腐植化し、勝手に土に還っていくのである。ウネ内部もまた、無数の根穴が開いているものと思われ、透水性も保水性もまったく問題ない。ネットは三作にわたって共用でき、残渣処理もまとめて一回ですむ。

　不耕起栽培を続けると、二作目あたりからは、かん水を繰り返しても地表面がメドを打たなくなる。つまり、かん水や雨で叩かれても土膜（クラスト）ができず透水性がよくなってくる。そしてウネ内部の水分分布が安定して、地表面近くまでしっとりと湿り気を帯びるようになる。土壌がほどよく締まるとともに、団粒構造と毛細管が発達してくる、ということだろうか。また、通路が冠水したときなどにも、濁り水が出たり、ぬかるんだりすることはなくなる。

2 水のふるまいで土を見る

　いい土になっているかどうかは「水のふるまい」を見る（図2―3）。ウネ立てして一発目のかん水ですぐわかる。ここでは私の三カ所の畑を見てみよう。これらはすべて地続きで、もとは同じ重粘土・低pHの水田である。三カ所をくらべてみると、田んぼから畑へ、人間の手が加わって土が変わっていく過程がよくわかる。

水田転換畑一年目 ——濁った水があふれ出す

　ここは秋に山砂をどっさり入れて、この六月から作付けを始めたばかり。まだ、まったくといっていいほど「できていない畑」である。ウネの上をご覧いただきたい。土が単粒構造なので、かん水や雨で叩かれ、クラストになっている（図2―4）。これは耕して団粒構造が壊れ、単粒構造になってから、かん水したためである。土膜によって、水も空気も通りが悪くなり、すぐに目詰まりする。

　では、実際に水をかけてみよう。土膜の上からではフェアでないので、表面を軽く崩し、耕したようにしておく。すると、かけ始めたかどうかというタイミングで、ウネの上には水たまりができ、すぐにあふれて両側に流れ始める（図2―5）。中にももちろん多少は浸み込むだろうが、ほとんど流れてしまっている。流れている水の色を見ると濁っている。

図2―4　土の表面にできたクラスト

（赤松富仁撮影）

図2―3　かん水するだけで、土の状態はわかる

水田転換畑1年目の土

（赤松富仁撮影）

（右）すぐに水がたまって表面から濁流が流れ出した

（左）たっぷりかん水したあと、少し掘ってみると、中は乾いていた

図2―5　水田転換畑（1年目）にかん水　（赤松富仁撮影）

水田転換畑二年目 ——どんどん中に浸み込む

ここは前作のインゲンのカラが残っているネットにキュウリが新しく上りつつある（図2―6）。不耕起・半不耕起栽培にして、もう四～五作目のベッドで、どっさりモミガラが入っている。かん水してみると、まったく水があふれてこない（図2―7）。どんどん中に浸み込んでいく。ちょうどウネ立てしたところもあるので、そこでかん水してみても、サーッと浸み込んでいく。

ウネ立てして一発目のかん水がこういうふうにならないときは、ただちにウネを立て直したほうがいい。「せっかく立てたのに」と思うかもしれないが、その作が終

図2－6　水田転換畑2年目で不耕起連続栽培のハウス

このベッドの表面で、次々残渣が分解していく。ウネ上の白いのはカキ殻石灰。これについては74ページを参照　（赤松富仁撮影）

(右下)ウネ立てして一発目のかん水が重要
(下)浸みる浸みる……いくらでも水を飲む

図2－7　水田転換畑(2年目)にかん水
（赤松富仁撮影）

わるまでずーっとかん水で苦労することを考えれば、四～五時間で立て直せるのだから絶対やるべきである。多少粘土の入っている土なら、適度に水を打って耕耘し直せば、何とか土塊ができる。真の団粒ではなくても、とりあえず水が浸みるウネになる。

水田転換畑一五年目
——あふれ水が澄んでいる

ここはトウモロコシが終わってからほったらかしなので草ぼうぼう。表面数cmは植え付けのときに起こすこともあるが、その下はもう五～六年くらい不耕起である（図2―8）。マルチをめくると、土が黒く、ブツブツとした団粒構造が見られる。表面にはダンゴムシも見える。

かん水すると、最初は浸みていくが、ちょっとたったら表面にあふれ出

図2－8　水田転換畑15年目の土

マルチをめくると、見事な団粒。ここはこれくらいしか耕していない　（赤松富仁撮影）

す（図2―9）。しかし、何秒間か水を当てるのをやめると、今度はスーッとその水が引いていく。また水を当てる↓しばらくしてたまる↓当てるのをやめる↓みるみる引くを繰り返しながら水が浸みていく。これは、不耕起の層でいったん水が止まるものの、根穴や亀裂や団粒の隙間から水が下へ浸みるためである。

表面にあふれ出したときの水の色を見ると、まったく濁っていない。これが、団粒の力である。畑が団粒構造になっているかどうかは、「水のふるまい」を見ていればわかってしまうのである。

団粒構造か単粒構造か
――土を水に入れて診断

単粒構造の土は水に入れると粉砂糖

水はたまるけど……

すぐに引く。これが理想的な水の浸み方

図2－9　水田転換畑（15年目）にかん水　（赤松富仁撮影）

（左）水田転換畑１年目の土くれを水の中に入れてみると、サラサラと溶けてしまった
（右）水田転換畑１５年目の土くれの場合は、ポロポロという感じで、崩れにくい

図２－１０　土を水に入れて、団粒判断　（赤松富仁撮影）

水田転換畑１年目

大きなかたまりだったのに、どんどん溶けて下に落ちた

水田転換畑１５年目

←土くれを網目の大きいザルにのせ、その下に小さいザルを設置。上から水をチョロチョロとかけてみた

大きい目のザルには大きい団粒、小さい目のザルには小さい団粒が残った

水田転換畑２年目

団粒は崩れ気味で、モミガラばかり残った

図２－１１　この目で団粒を見よう！　（赤松富仁撮影）

のようににサーッと溶けていくが、団粒構造の土は角砂糖のようにモロモロと崩れていく（図２―10）。実際、転換畑一年目、二年目、一五年目の畑の土を採取し、団粒を見る簡単実験をやってみよう（図２―11）。必要な道具は小さな手持ちのザル二つ。

まずは、団粒がいかにも多そうな一五年目の土くれを、網目の大きいザルにのせ、その下に小さいザルを設置。上から水をチョロチョロとかけてみると、残ったものが団粒である。大きい目のザルには大きい団粒、小さい目のザルには小さい団粒、それ以外のものは下の容器へ溶けて流れた。

次に団粒の少なそうな一年目の土くれを同様にやってみると、大きなかたまりであったのが、どんどん溶けて下に落ち、ザルに残ったのは全部石である。

最後に、二年目の土もやってみると、団粒は崩れ気味で、モミガラばかり残った。畑の排水がいいのはニセ団粒であったということである。モミガラを大量に入れてまだ二年目。ちゃんとした腐植になっていない。

手かん水一〇秒で水が深さ一〇cmまで行き渡る土

団粒構造を壊さないように注意して立てたベッドは吸水性も保水性もよく、その後の水管理がラクになる。残渣もほとんど分解されて細かな繊維状になり、十分なかん水と土壌中の残存窒素によってさらに堆肥化が進行する。これにともなう窒素飢餓状態を利用して定植後スムーズな活着と健全な初期生育が可能になる。

いっぽう、乾燥状態の土壌を何度も耕して団粒構造を壊してしまったベッドは、ウネ立て後一回目のかん水で表面がクラスト化してしまい、その後のかん水を受け付けなくなり、栽培期間中ずっと管理に手を焼くことになる。クラスト化させないためにと、かん水チューブを使うのは本末転倒。

まずは、手かん水を受け付けるベッドをつくることが栽培の第一歩である（図２―12）。私はすべてのハウスをエンジンポンプで手かん水している。このときのかん水量は一㎡当たり毎秒一〇mmである。つまり、同じ場所に一〇秒間水を撒き続けると一〇mmの雨が降ったのと同じになり、これで深さ一〇cmの土層に水が行き渡ることになる。

団粒構造を壊してしまったベッド表面
水をはじいてしまい、ベッドの中に浸み込まない
団粒構造を壊さないよう立てたベッド表面
手かん水でも水が浸み込む

図2－12　手かん水を受けつけるベッド、受けつけないベッド　（赤松富仁撮影）

3 不耕起で根が変わる

フワフワよりもカチカチのほうが根の寿命は長い

人は単なる思い込みや迷信めいた技術に疑問を抱かないことも多い。たとえば、畑の耕起は必要か？　という疑問は、作物を抜いて根を観察してみればすぐ解ける。耕したフワフワの土と、耕さないカチカチの土では、根の伸び方が違う（次ページのイラスト参照）。

植物は一度根を伸ばしたところに再び根を伸ばすことがない。そのため、カチカチの土では、さらに根を張る余地（可能性）を残しながら徐々に根を張る。ところがフワフワの土では、根が一気に急激に伸びて、株の周りを広範囲に根で満たしてしまう。こうなると新しい根が伸びることなく、生育が止まってしまう。フワフワの土は根が最初にドカンと張ってオシマイ。カチカチの土のほうが根の寿命、ひいては株の寿命が長い。

フワフワの土は養水分が不安定なため、作物は仕方なく根を張っている。「土深くまで真っ白い根がたくさん」というのは、水と肥料を求める作物の必死な姿である。深さ二〇～三〇cmの耕起層全体に根が張れば、その分の肥料と水も必要になる。耕起を浅くし、根を浅く誘導したほうが肥料と水の量が少なくてすむ。カチカチの土で発達する浅い根は空気に恵まれ、肥料の食いつきもいい。

「本当に不耕起でも育つのか？」「無肥料で収穫が減らないのか？」と疑問

土で根の張り方が変わる

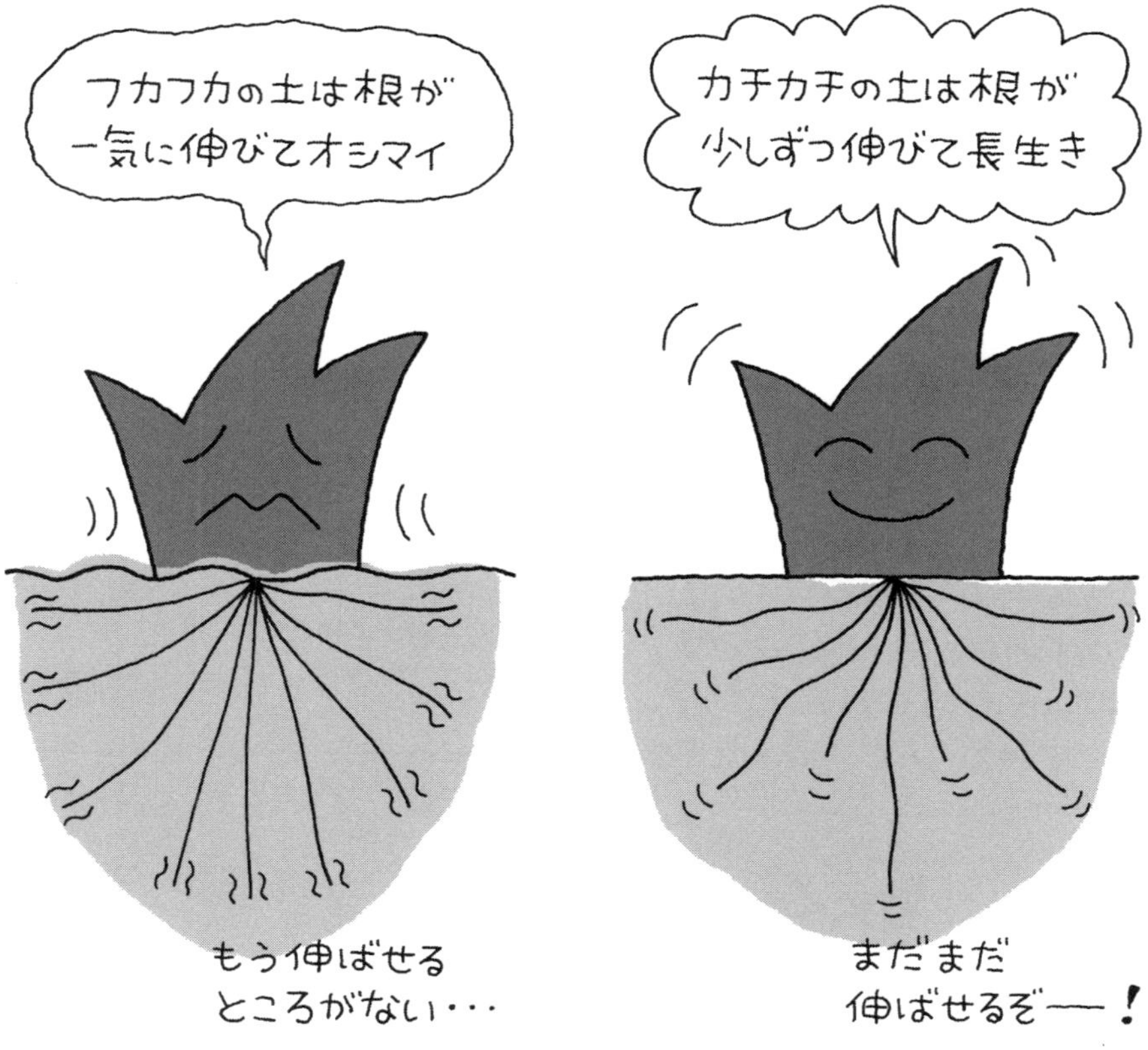
カチカチの土は根が
少しずつ伸びて長生き
まだまだ
伸ばせるぞ――！
フカフカの土は根が
一気に伸びてオシマイ
もう伸ばせる
ところがない・・・

を感じるようなら、狭い面積ででも試験栽培をしてみて、自分の目で見て確かめてみることである。自分の作物を自分の目で見て確かめてみることである。「深く根を張れるフカフカのウネがよいに違いない」という人の思いとは無関係に、作物はそれぞれの本能に従い、育ちたいように育っている。

作物の根
――放射根型、直下根型、タコ根型

作物の地上の生育状態は誰もが常時観察していると思うが、地面の下の根っこまで気にすることはあまりないだろう。しかし、地上部の姿が千差万別なように根の姿もまたさまざまである（図2―13）。作物それぞれの根の構造を知ることは、ベッドの構造や施肥方法を考えるうえでとても重要なことである。作物は根の張り方により、次の三つに分類できる（イラスト参照）。

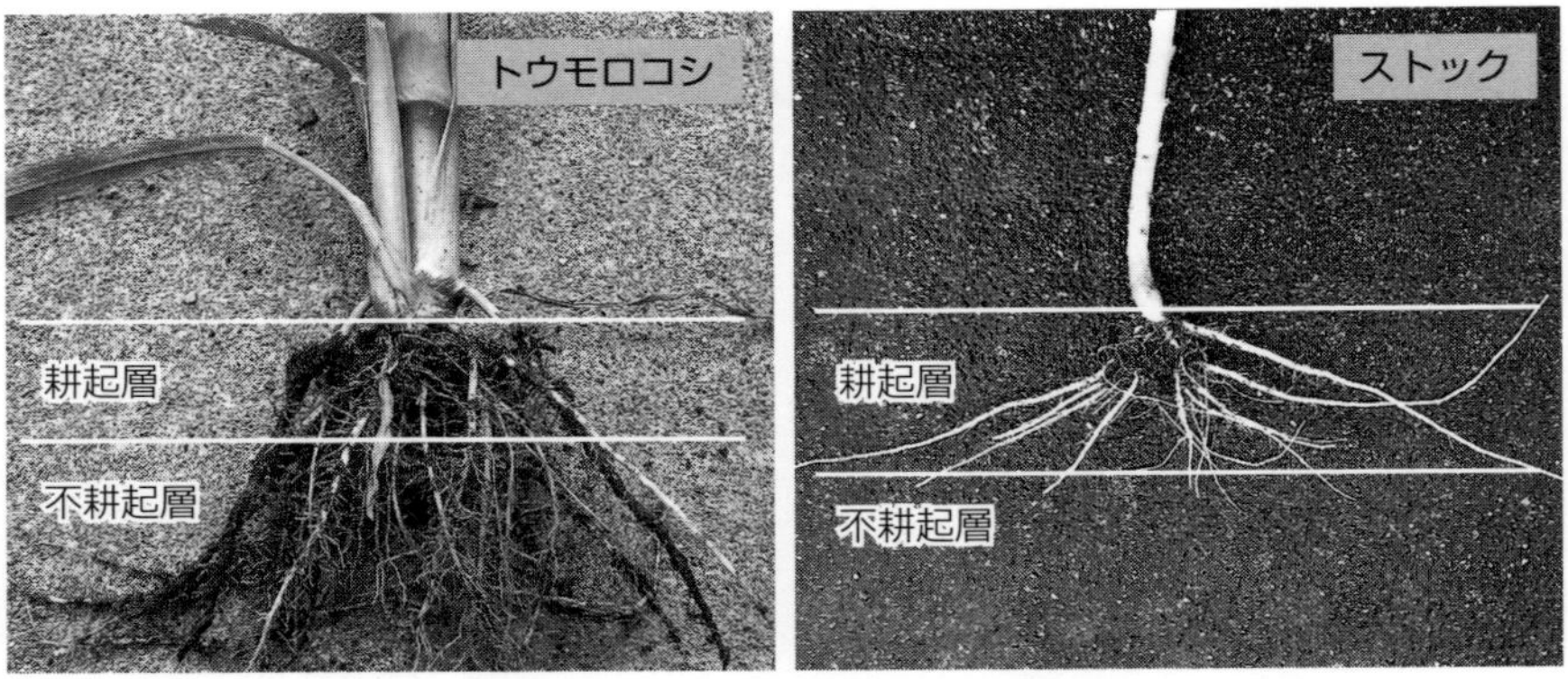

図2－13　半不耕起ベッドの根

作物の根の張り方　3タイプ

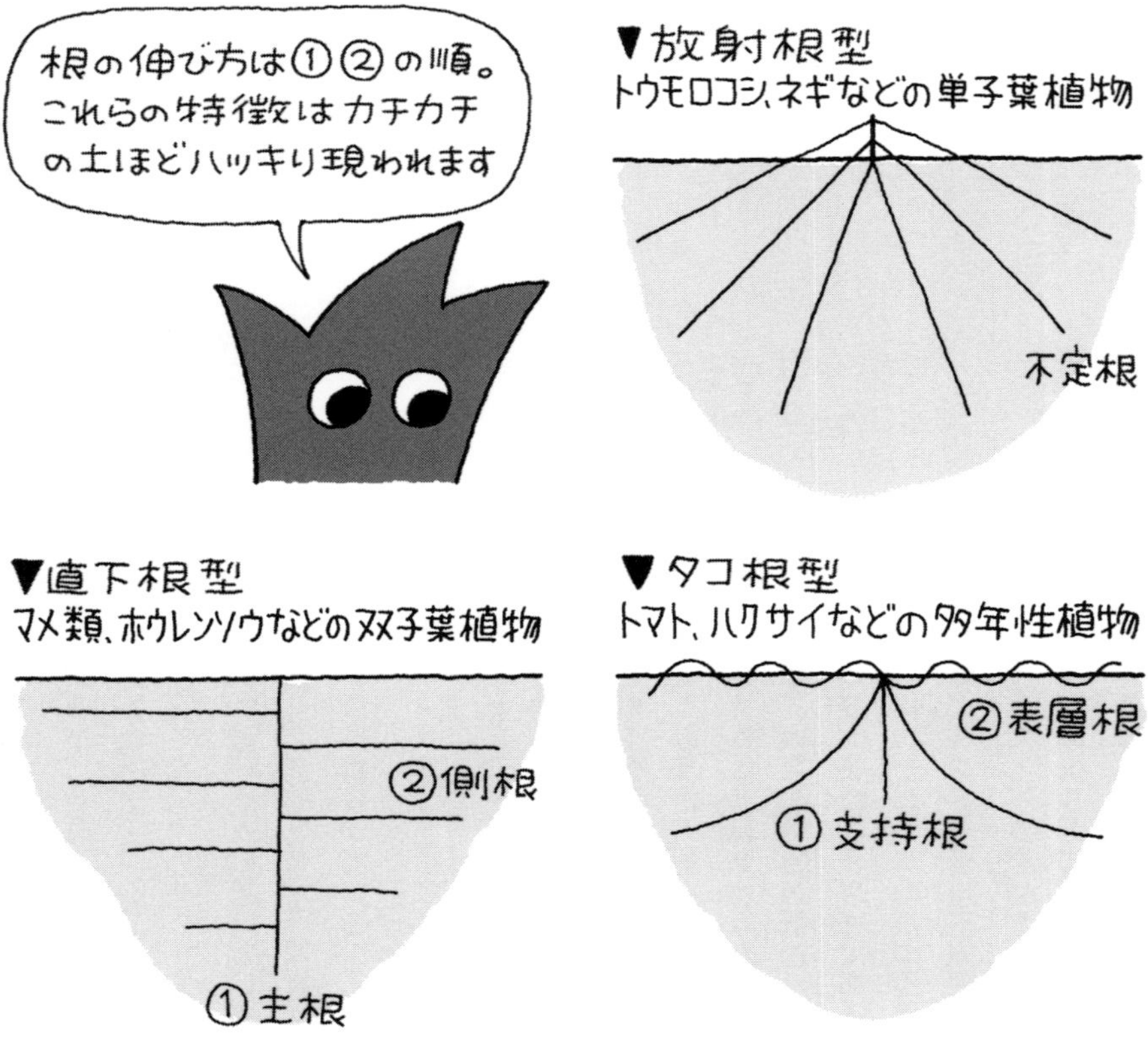

放射根型　直下根も表層根もなく、根が放射状に伸びていくタイプ。トウモロコシなどは耕しても耕さなくても根がお構いなしに伸びていく。ただし、放射状といっても、いっせいに伸びるのではなく、まず下位節から下方に伸び、上位節から次々と伸びていく。いずれ先に伸びた根から退化し、放射状に伸びそろった不定根だけになる。根は施肥とも無関係に伸びていき、前作の残肥を吸ってくれるので、土のクリーニングに使える。

直下根型　まず主根が直下に伸び、そこから側根が横に伸びていくタイプ。マメが移植に弱いとされるのは、この主根を傷めて（切って）しまうから。実際、インゲンや、ツルありエンドウなど、長く実を採っていくツル性のマメは、主根を切るとツルが伸びなくなって減収する。しかし、エダマメや、ツルなしエンドウなど分枝性のマメ科は短期間に枝ごと収穫するので、移植で根を切ったほうが分枝して増収する。マメではないが、コマツナやホウレンソウなどもこのタイプ。

タコ根型　まず支持根が放射状に張り、それとは別に表層根が伸びていくタイプ。トマトなどのナス科や、ブロッコリー・ハクサイ・キャベツなどは、生育初期に支持根が伸びていき、開花や結球開始などの生育転換期から表層根が追肥を目指して伸び始める。支持根は不耕起層に当たると横に伸びるので、私のハウスのように田んぼに隣接する圃場では有効である。

4 不耕起と半不耕起の使い分け

不耕起で多品目輪作、半不耕起で夏冬輪作

私が行なっている栽培法を、ハウス中心に紹介しよう。私のハウス利用のサイクルは、冬の切り花ストックと、春夏のシシトウ・スイートコーン・ナスなどの半促成・雨よけ栽培の組み合わせが基本となり、一部に水稲の育苗が加わる。

不耕起、半不耕起ウネは、それぞれの方法に適した輪作体系がある（図2—14）。完全不耕起ウネの圃場では、多品目の作物を可能な限り休みなく連続栽培する体系。半不耕起圃場での基本は、夏冬作が互いに互いを利用しあう体系である。

ただし私の場合、半不耕起といっても浅耕でなく盛土のイメージである。地面を五cmほど掘り下げてウネ間とし、その土を地面の上に盛ってウネと

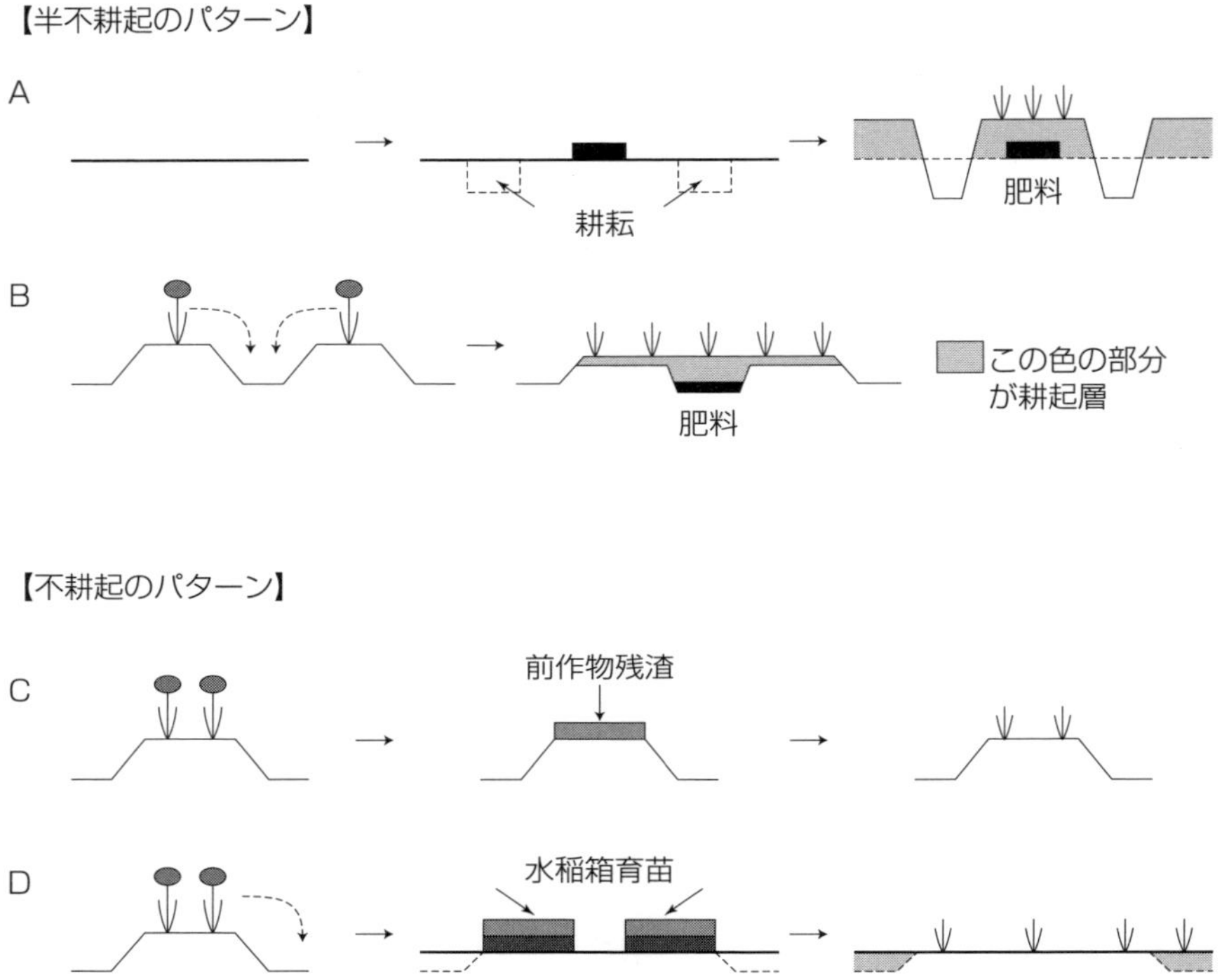

図2－14　耕起方法と次作への切替えパターン

する。つまり、高さ一〇cmほどのウネの上部五cmほどが耕起層で、その下が不耕起層ということになる。

なお、限られた圃場の面積を有効に使うため、ベッド幅はすべてハウスの間口七・二mに合わせて一・八mと一mの規格に統一している。極限まで密植するストックや長期間収穫を続ける果菜類は一・八mウネ、栽培期間が短い一般野菜やツル性のマメ類やキュウリなどは一mウネという具合である。

密植する作物は半不耕起で定植をラクに

夏作から冬作に切り替え時のおもな作業パターンに、平地（水稲育苗の跡地や夏にスイカ・カボチャなどをつくった圃場）にウネを立てる場合（半不耕起パターンA）と、前作物やウネがある場合（半不耕起パターンB）がある。

　ストックや葉物野菜など密植する作物は、まったくの不耕起では定植の穴掘りが大変なので、このA・Bのような半不耕起の方法である。ウネは不耕起層をなるべく損なわないよう注意しながら、最終的にウネ表面の耕起層が五〜一〇cmの深さになるように仕上げる。元肥はゼロ、追肥は尿素・硝酸カリを水に溶いて液肥をつくり、手かん水で与える。

　なお、パターンA・Bともに、ウネづくりの作業を定植一〇日以上前に終わらせ、十分なかん水をしておくと、一週間後には雑草が生え揃う。この雑草を除草剤で枯らすか、三角ガマで削り落としてすぐに播種・定植すれば、その後冬の間の雑草はほとんど生えない。冬作物は極端に密植するので、邪魔になる草マルチはできないし、作物定植後の除草もほとんど不可能なので、定植までの間に生えきらせて完全に除草しておくのである。

平ウネの夏作に冬作のウネを立てる

　Aは平ウネ（後述の不耕起パターンD）で春〜夏に水稲を育苗したり野菜を栽培したのち、ウネを立てて冬にストックなどを栽培するパターンである（図2―15）。
①前作トウモロコシ茎葉のすき込み

通路部分だけ管理機をかける

不耕起部分にカキ殻石灰を散布

不耕起部がウネ芯になるよう培土機で谷上げし、トンボでベッドをならす

図2－15　半不耕起パターンA

（64ページ「全面すき込み後一カ月で植え付け」の項参照）などで土の表面が硬くない場合は、トラクタで走り回るなどして適度に土を締めた後、通路になる部分のみ管理機で砕土耕耘する。

②必要な資材・肥料などがあれば、ウネの中央部にのみ散布した後、培土機を付けた管理機で谷上げ。このとき雑草や残渣もウネ中央に集めて乾かしておく。

③ネギの土入れ機などで谷上げした土を内盛りし、トンボでウネ上面を平らに仕上げた後、たっぷりかん水して土を落ち着かせてから播種・定植する。

前作ウネ間に残渣（トウモロコシの茎葉）を落とし、そこを芯とする新しいウネを立ててストックを定植

図2－16　半不耕起パターンB

夏作の二つウネを冬作の一つウネに

Bはウネ立て（後述の不耕起パターンC）で夏にトウモロコシなどの野菜を栽培したのち、二つウネを一つウネにして冬にストックなどを栽培するパターンである（図2―16）。

残渣や雑草は、草刈り機で刈って谷に落とし、乾燥させておく。必要な資材・肥料は谷に散布し、Aの場合とは逆に、ウネ上面だけを管理機でごく浅く耕した後、谷を埋めて整地してから播種・定植する（64ページ「ウネ芯に埋め込み後すぐに植え付け」の項参照）。

密植しない野菜は完全不耕起で水はけよく

C、Dは冬作（ストック）から夏作へ切替えるときのおもな作業パターンである。夏作は基本的に植栽本数の少ない果菜類が主力で、定植に手間がかからないので、完全不耕起でスタートする。

パターンCは夏に向けてウネを固めるため、作業時には通路を避けてウネの上を歩き回るようにする。踏み固めたウネのほうが地下水が地表面まで上がってきやすくなり、水分が安定して、夏場、頻繁に水やりしなくてよくなるからである。いっぽう、歩かない通路は排水用の溝として使う。

施肥は冬作と同様、元肥ゼロスタート。追肥は尿素・硫酸カリを水で溶いて液肥をつくり、手かん水で与える。作の切替えに伴う作業がとくにないので、前作物の収穫が終了次第、徐々に後作に切り替えることができ、省力的で効率的である。

雑草は、株回りに生えてきたものだけを手取り除草し、残りは邪魔になったら草刈り機で刈り倒してマルチの追加にする。多少の雑草は、ウネ上面の地温を下げ、乾燥防止に役立つので放置して構わない。

冬作のウネをそのまま夏作のウネに

Cは冬作のウネをそのまま利用し、不耕起で夏作を栽培するパターンである（図2―17）。

前作の残りや繁った冬草はその場に刈り倒して三～四日乾燥させ、草マルチにする。ウネにたっぷりかん水したら、シャベルで穴をあけ、すぐに定植し、不耕起のまま次作へつなげる。雑草の量が少なく地表がむき出しの場合には、堆肥の表面施用や敷きワラで乾燥を防止する。

冬作物（採花中のストック＋後作シシトウ）

↓

シシトウ定植２カ月後

↓

酷暑期のウネ間（シシトウ収穫中）

図２－17　不耕起パターンC

イネ育苗の平ウネにそのまま植え付け

Dは冬作のウネを均《なら》して平らにし、春に水稲を育苗したのち、そのまま不耕起で夏作を栽培するパターンである（図2—18）。

冬作の残渣を谷に落とし、さらにウネ上面をごく浅く耕起してその土も通路へ落とす。このようにハウス内全面を平らに整地し、水稲の平置き発芽のためのスペースとして春の一カ月間使用したのち、平ウネにシャベルで穴を開け、トマトなどの夏作を定植する。

露地畑でも果菜類なら不耕起栽培で

五年間ほど耕作を放棄していた畑を、ウメ・カキ・ミカンなどの家庭用果樹園にしたことがある。まだ樹が小さく空間が大きく空いていて、草だけを生やしておくのはもったいないので、カボチャとスイカも植えた。不耕起のスイカは、耕した畑のスイカが枯れてしまった後も元気に成り続けた。

水稲育苗の作業場として使用したハウスの、運動場のように硬く締まった場所にトマトを定植。手作業は無理なので、シャベルでポットと同じ形の穴を掘り、苗を穴に差し込んでかん水しておいた

定植後15日目。敷きワラ代わりと追肥を兼ねて、全面に牛糞堆肥マルチして乾燥防止。地温の上昇を防ぐ

図2－18　不耕起パターンD

ほとんどかん水していないが、梅雨明け後の真夏の暑さでも葉が萎れるようなこともなく、秋まで元気に収穫が続いた

この後、ツルや葉は果樹のためのマルチとなり、土に還っていく。

私のところのような重粘土地帯では、ダイコンやゴボウなどの根菜類・イモ類のように地中でつくられる野菜だけは不耕起に向かないが、その他の野菜はほとんどが不耕起を嫌わないと思う。

3

堆肥不要！

土つくりは畑にある作物、雑草を活かす

1 トウモロコシの活用

連作障害で、もはやストックがつくれない……

私はここ十数年間、同じハウスで休みなしに冬作のストックといくつかの夏野菜の連作を続けてきた。最初の数年間は標準的な栽培指針どおりのつくり方でもとくに問題は発生しないが、五年一〇年と経過するに従い、いわゆる連作障害や土壌への塩類集積による生育障害に苦しむようになる。同時期にストック栽培を始めたJAの花部会生産者の多くも時を同じくして、それぞれ似たような問題に直面した。

夏作を休んで除塩作物を栽培したり、薬剤による土壌消毒を行なったりしないと、定植しても苗が活着すらしないような圃場が徐々に増え、中には他の作物に転換したり廃業してしまった生産者もいた。

私自身もこの「圃場の劣化によるコストの増大」には悩まされたが、実際のハウス土壌では何が起きていたのだろうか？　一二年間ストックと野菜の連作を繰り返した土壌の分析結果を見てみる（表3―1）。毎年石灰を投入し続けたにもかかわらずpHが極端に低い、逆にECが異常に高いなど、すぐ目に付く問題点がいくつかある。早い話、この圃場でストック栽培を続けるのはもはや無理な状態である。

イネ科作物のトウモロコシをつくれば土が蘇る

このように、どんどん進行していく土壌の劣化という問題は経営上も恐ろしいものだが、「災い転じて福となす」ような若返り方法も探せばある。それは「イネ科作物のトウモロコシを輪作体系に取り入れる」というごく簡単なものである（図3―1、2）。

まずは、実際にトウモロコシを栽培し、すき込んだ後の圃場がどうなるかを見ていただきたい。トウモロコシの作付け前に問題であった項目がすべて改善されているのがわかる。この状態であれば、問題なく後作物の作付けが可能である。

土壌改良作物としての機能を十分に発揮させるには、収穫後の処理が重要になる。それは大量の残渣を手早く堆

表3－1　10年以上にわたる夏野菜とストックの連作で「連作障害」に見えたころと、トウモロコシすき込み後の土壌分析データ

分析項目	適正値	ハウス建設前の水田	連作12年目	トウモロコシすき込み後
pH	5.5～6.5	5.1	4.0	5.80
EC（mS/cm）	0.5～1.5	0.22	2.60	0.91
CEC（me/100g土）	20～40	10.4	10.1	14.6
有効態リン酸（mg/100g土）	45～100	45.1	113.0	102
交換性カリ（mg/100g土）	—	103	196	100
硝酸態窒素（mg/100g土）	—	3.0	53.5	21
交換性石灰（mg/100g土）	—	136	935	566
交換性苦土（mg/100g土）	—	27	119	40
塩基飽和度（%）	60～90	19.8	430.8	166.7
石灰/苦土比	4～8	3.6	5.6	10.1
苦土/カリ比	2～5	0.6	1.4	0.9
腐植（%）	—	2.43	2.43	2.85

トウモロコシすき込み後は極端に低かったpHが適正値に戻り、極端に高かったECが激減。たまりにたまった石灰も減った

肥化させることだが、硬くて太いトウモロコシがそんなに速く分解するはずがないと思うのが普通だろう。しかし方法はある。

　トウモロコシ収穫後、茎葉を全面にすき込んで一カ月後

図3－1　すき込み用のトウモロコシ栽培

実取り後に茎葉をすき込むだけ

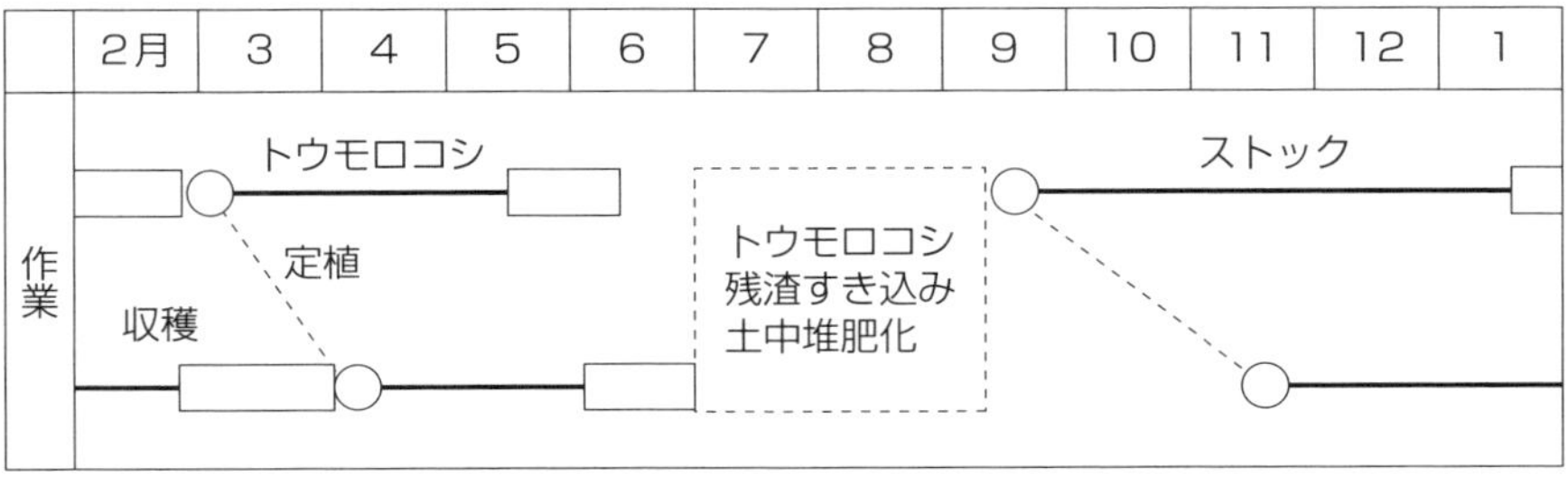

図3－2　トウモロコシ残渣のすき込み時期

に後作を植え付ける場合と、茎葉をウネ間に落として埋め込み後すぐの新しいウネに後作を植え付ける場合の二つのやり方があるので、それぞれについて説明する。

残渣は一週間の乾燥後、すき込む、埋め込む

全面すき込み後一カ月で植え付け

トウモロコシの収穫が終わったら、すぐに草刈り機で刈り倒し、マルチの上に一週間ほど広げて乾かす（図3―3）。茎が水分を失い始めて葉が白く枯れ、重量が三分の一程度になるので、この時点でマルチを撤去してロータリで全面にすき込む。

生のままでは分解するのに一カ月以上はかかるし、逆に乾きすぎるとロータリの爪に巻き付くので、この適期を逃さないようにすることがポイントである。ちなみにトウモロコシの背がやたらに高い場合は、五〇cm程度の高さで二度刈りしておくと、このすき込み作業はラクになる。

ロータリの回転は遅く、浅く（五～一〇cmまでの深さに）、残渣を爪で土に押し込むようにする。一回の荒起こしでは半分程度の茎葉は地上に出ているが、これで十分。空気に触れている部分があるほうが、土中に完全に埋め込むよりも分解速度が速くなるからである。水分も大切なので、全面耕起したらたっぷりかん水する。

半月後にもう一度、一回目の耕起ですき込みきれなかった茎葉を山盛り耕で浅く土に沈める。この時点ですでに、土中の残渣はほとんど分解しているが、さらに分解を進めるため、土が乾いている場合にはかん水することもポイントである。

そして最初のすき込みから一カ月後、仕上げの細土ウネ立てをする（55ページ「平ウネの夏作に冬作のウネを立てる」の項参照）。この時点で残渣はほとんど分解されて細かな繊維状になる。この繊維は土壌中の残存窒素によってさらに堆肥化が進行する。

ウネ芯に埋め込み後すぐに植え付け

まずは収穫株を刈り倒して一週間ほど乾燥させたあと、マルチを剥がしながら残渣を通路に落とし込む。二条ウネの条間に管理機をかけて培土機で土を入れ、新しくできたウネにたっぷりかん水したら残渣の処理作業はこれで終わりである。

この時点でウネの中央部だけでなく、トウモロコシの切り株がまだ残っている側方部へ次の作物の定植を行なってもなんら問題ない。トウモロコシは根が一番速く分解するので一〇日もあれば根穴のある物理構造のよい土になっている（56ページ「夏作の二つウ

地上部を刈り倒し、一週間
ほど乾燥させる

半生のときにロータリを浅くかける

半月後にもう一度ロータリをかけ、
残渣を土に埋め込む

1カ月後にウネ立て。この時点
でほとんど分解されてしまう

図3－3　全面すき込み後1カ月で植え付け（A、Bについては図3－4参照）

ネを冬作の一つウネに」の項参照)。

こうしてトウモロコシ残渣を土に返すと、イネ科植物に特有の高い炭素率のおかげで「土中での残渣の堆肥化」と、それに伴う「窒素飢餓状態」になるが、そこがミソである。この時期を利用すれば、元肥ゼロでスタートさせるストックや野菜の健全な初期生育を進行させることが可能になる。

石灰多用でも動かなかったpHが一発で適正値に

今年、図3―3のA・B地点の土を土壌分析したら、面白い結果が得られた。同じハウス内でこの一年、Aではブロッコリー、インゲン、キュウリを連続して作付け、Bではストックの後トウモロコシを作付けしすき込んだが、この時点のウネを簡易pH計で計測してみると一目瞭然。A地点のpHは四・七で、この辺りの水田固有の土壌酸度の低下現象が見られるが、B地点ではpHが六・四に上昇していた(図3―4)。

さらに詳しく、A地点・B地点でそれぞれサンプルを土壌分析した結果を見るとその効果がはっきりわかる(表3―2)。一年間で三作栽培した後のA地点では、石灰の蓄積とそれに反するようなpHの低下、硝酸態窒素の増加などの傾向が見られるが、トウモロコシを栽培したB地点ではpHが上がり硝酸態窒素が減って劣化が抑制され、比較的良好な土壌の状態が保たれている。

トウモロコシがどのような理屈で土壌に作用しているのか詳しくはわからないが、大きな影響を与えていることは確かである。この作用を輪作体系に取り入れる意味がわかっていただけると思う。

私にとって、トウモロコシ栽培はストックを連作するための土壌改良や除塩が第一目的であるが、それだけではない。大量の残渣を堆肥化したときの価値や、商品としてのトウモロコシ(122ページ「早出しで売り上げが二倍に――トウモロコシ」の項参照)など、さまざまな効果をもたらしてくれる。

堆肥五万円、肥料二万円、労賃四万円に相当

一〇a当たり一・三tほどのトウモロコシ果実収穫後も、圃場にはさらに重要な生産物が残される。この収穫後の廃棄物「残渣」の価値についても計算してみよう。

トウモロコシ残渣が堆肥に、緩効性肥料に

品種にもよるが、すき込み時のトウモロコシの乾燥した茎葉と土中の根の

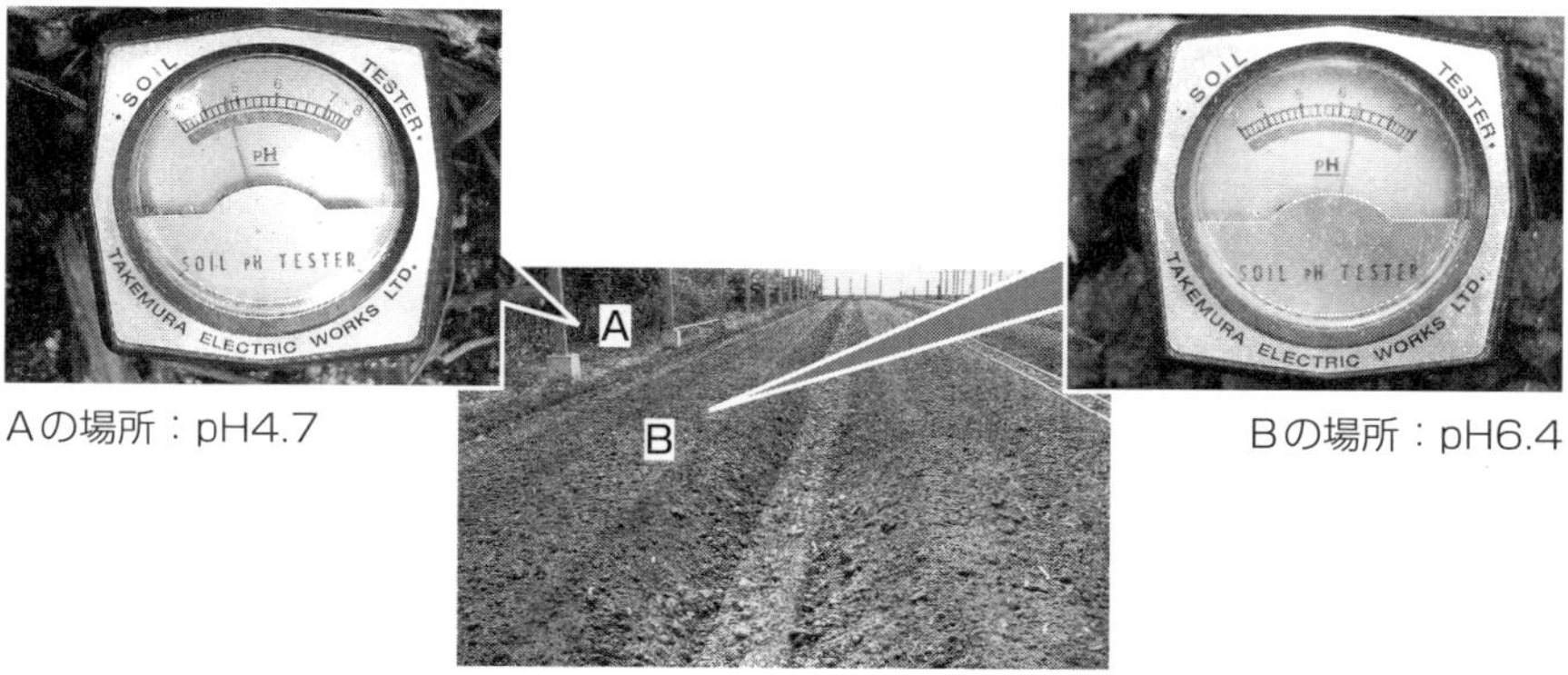

図3－4　トウモロコシ作付け前(A)と作付け後(B)の土の比較

表3－2　野菜連作(A地点)、トウモロコシ(B地点)での土壌化学性の変化

pH以外の分析項目	ブロッコリー→インゲン→キュウリ(A)	ストック→トウモロコシ(B)
EC（mS/cm）	1.40	1.10
CEC（me/100g土）	11.1	11.6
有効態リン酸(mg/100g土)	40.0	37.9
交換性カリ(mg/100g土)	136	85
硝酸態窒素(mg/100g土)	53.1	22.8
交換性石灰(mg/100g土)	368	42.2
交換性苦土(mg/100g土)	100	72
塩基飽和度(%)	189.3	176.6
石灰/苦土比	2.6	4.2
苦土/カリ比	1.7	2.0
腐　植(%)	2.67	2.93

重量は一本当たり五〇〇gほどある。これが一〇a当たり五〇〇〇本分残されているので総量は二・五t。二〇kg入り四七〇円の市販堆肥で換算すると一二五袋、五万八七五〇円分の堆肥が自然に出来上がることになる。

また、すき込んだ後はストックの元肥ゼロ出発である。トウモロコシ残渣は後半の効かせたいときに効いてくる緩効性肥料となってくれる。不要となった肥料要素（窒素・カリそれぞれ一〇kg）を緩効性肥料IBS1化成で換算すると、ちょうど一〇袋分＝二万二〇〇〇円の価値が発生したことになる。

残渣搬出、堆肥搬入・散布の人件費が浮く

さらに、夏作（トウモロコシ）からストック定植に至る一連の作業も随分簡略化される。慣行の方法では、残渣搬出→ハウス外での残渣処理（堆肥化）→圃場の荒起こし→堆肥散布→堆肥のすき込み→元肥散布→砕土→

ウネ立てという手間をかけるが、私のやり方では、残渣すき込み↓砕土↓ウネ立てで作業終了である。

作業時間の差約三〇時間を、時間給一五〇〇円の雇用費で計算すると、四万五〇〇〇円の人件費のコストダウンが可能ということになる。つまり、前作物の残渣を廃棄物と考えないで、後作物のための貴重な資材と考えて処理すれば、五万八七五〇円＋二万二〇〇〇円＋四万五〇〇〇円＝一二万五七五〇円の価値が新たに発生するのである。

一石三鳥にも四鳥にもなるトウモロコシ

除塩作物の栽培という作業は本来、経営上「価値を生まないムダなコスト」でしかないが、ちょっとした発想の転換でトウモロコシというオマケ以上の「付加価値」を生み、さらに本来ならば廃棄物であった残渣も、手をかけることなく後作物のための堆肥、緩効性肥料として、一石三鳥にも四鳥にも利用できる。

このように、現在生産中の作物のコスト計算だけではなく、前作物から次の作物までの三～四作にまたがって発生するコストを一連の流れとして把握することも、「トータルコスト」を考えるうえで大切である。

2 作付け順序を考える

畑に貯金（肥料分）を残す作物、残さない作物

私は花や野菜の残渣をすべて畑に戻している。残渣を肥料として上手に活かすには、収穫して商品として外に持ち出された分と、残渣として残った分が、どれくらいあるかを知っておくことが重要である（図3—5）。いわば「施肥の貯金通帳」みたいなもので、残された肥料の収支バランスが合うように、前作と後作の組み合わせを考えて植えていく。そうすれば、過剰に肥料を残すこともなく、ムダな肥料もやらずにすむ。

トウモロコシは貯金型作物　背丈にすると二・五mくらいだが、収穫する実の重さはせいぜい四〇〇g。残った樹は生重で一・五kgくらいある。それをすき込めば、やった肥料（窒素一〇kg、カリ一〇kg）はほとんど畑に貯金されたと同じこと。しかも緩効性の有機肥料だ。次作に植える野菜や花の肥料はかなり減らしても大丈夫。

菜っ葉類は貯金食いつぶし型　トウモロコシと正反対なのが、ハクサイやキャベツやホウレンソウなど。できた

ものの八割以上が商品として収穫されるので、やった肥料はほぼ出荷してしまうことになる。貯金残高はわずかなもの。次作に植える野菜の追肥は少し多めにやればいい。

図3－5　野菜（花）別「施肥の貯金通帳」

ストックはカリ貯金を残す　私の主力品目であるストックも、地上部をほとんど商品として売ってしまうので窒素の貯金はあまり残らないが、残効としてカリの成分が結構残る。ストックは出荷する直前までカリを効かせないといけないからだ。窒素分は商品としてほとんど持ち出されているので、カリ多めで窒素少なめの貯金となる。この状態だと次作の野菜の活着はよくなる。

果菜類は意外に貯金が多い　収穫が終わると樹のようになるが、これを裁断して畑に戻すと、やった肥料はほとんど貯金されると思っていい。たとえばシシトウは、一〇a当たり四tくらい出荷する。相当な量が商品として持ち出されるが、出荷する実の成分はほとんどが水と、やった肥料の一割程度の窒素分だけ。残り九割の窒素分は樹と根っこに残されるので、貯金残高は高いほう。ただ、分解されるのが遅いのですぐに下ろさない定期貯金みたいなもの。ジワジワと効いてくれる。

前後の相性がよい組み合わせ、悪い組み合せ

肥料分がどれだけ残ったかを考えるだけでなく、前作と後作の相性を知っておくことも大切である。最悪な組み合わせは、ピーマンやシシトウなどの果菜類をつくったあとのストック。これはアレロパシー（他感作用）なのか何なのか、研究機関でも解明されていないようだが、必ず出来が悪くなってしまう。

いっぽう、相性がいいのはトウモロコシとストック。ストックの貯金はカリが多いが、おかげでトウモロコシの活着はよくなる。この貯金をもとにトウモロコシが体に蓄えた肥料を次のストックに送るというい い関係。お互いの肥料（貯金）が有効活用されることになる。

また、私の圃場は水田転作畑でpHが低いので、半不耕起ベッドにカキ殻石灰を層状に入れる。しかし、ベッドをつくったら、何作もするうちにカルシウムの効きもだんだん悪くなっていく。そのため、カルシウム欠乏がいちばん出やすい作物から植え付けるとよい。

順序はホウレンソウ→ハクサイ→エンドウ→キャベツ、ブロッコリーとなる。エンドウなどのマメ科はカルシウムを必要とするが、窒素は大量に残してくれるので、その後に植えるキャベツなどは肥料ゼロでも十分いける。

3 畑の雑草も使いこなす

雑草はしばらく抜かずに観察、熟畑化の目安に

雑草は自分の畑の状態を見るのに使える。私のハウスは、すべて田んぼからの転換畑で、強粘土で酸性であった土を一五年かけて、野菜や花に適した土に変えてきた。土ができていくにしたがって、雑草はヒエを除いて次のように生え変わっていく（イラスト参照）。

①田んぼから畑に転換　まず、乾いたところと湿ったところができる。乾いたところには「スズメノテッポウ」が生えてくるが、いずれ低水分・低pHを好む「スギナ」が優勢になる。いっぽう、湿ったところには高水分・低pHを好む「セリ」や「ゼニゴケ」が生えてきて、そのまま定着する。

②有機物による水分低下　そこで、湿ったところにモミガラなどの有機物を

水田転換畑での雑草の変化

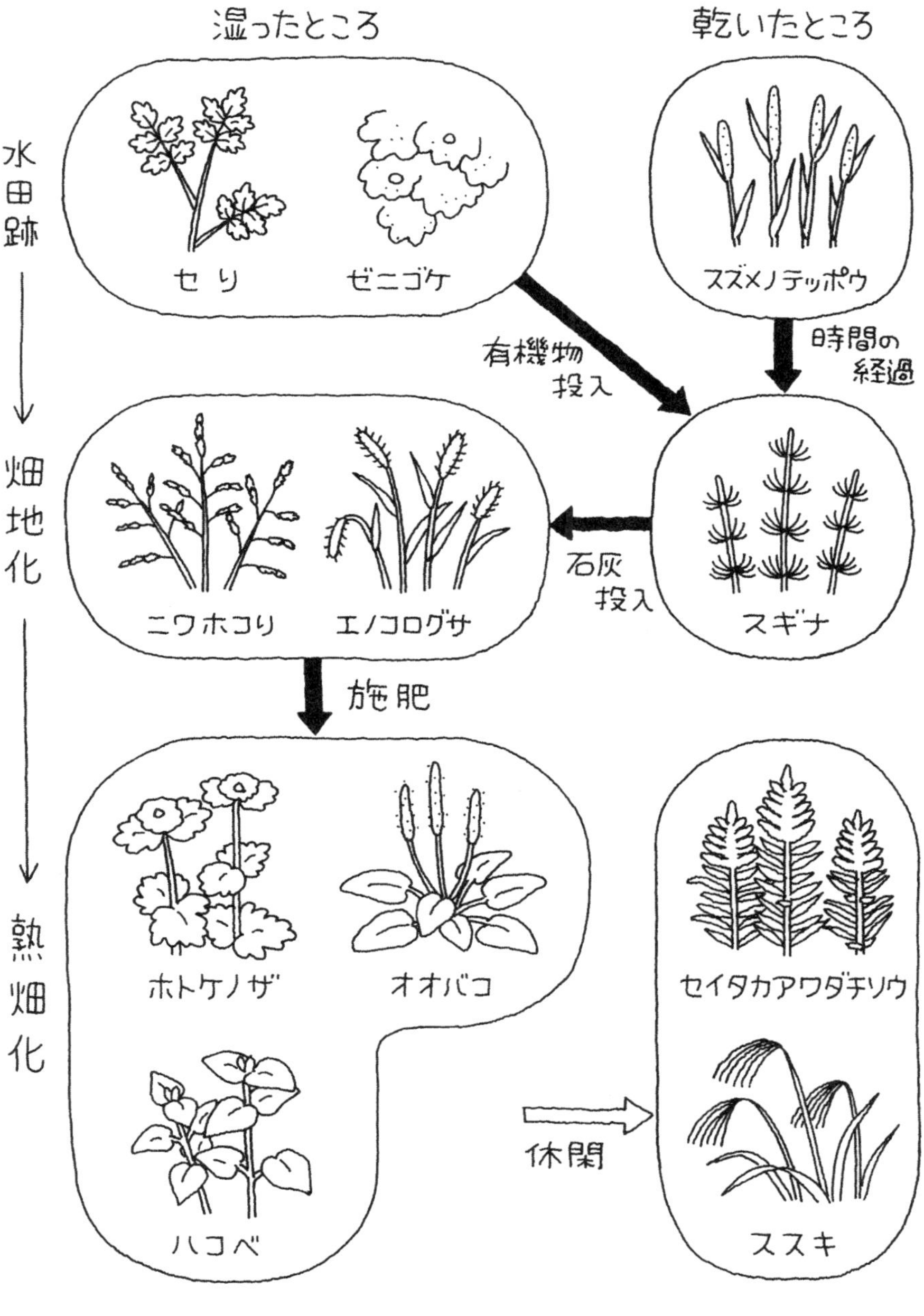

投入して土を乾かしてやると同じ仕組みでスギナが広がる。畑の全面にスギナが生えるほどに土が乾くと、機械を入れての耕耘やウネ立てが可能になる。

③石灰によるpH矯正　次に、生石灰などを畑に入れて深く耕耘（土壌混和）してやると、土のpHが上がってスギナは一気に衰退する。スギナが絶えてしまうくらいpHが矯正されると、作物の栽培が可能になる。この時点で作付けスタート。

④施肥による熟畑化　最初は土が痩せていて、冬は「ニワホコリ」、夏は「エノコログサ」が生えてくる。ニワホコリは完全に水田でなくなったという目安。エノコログサは土が肥えるに従って草丈が伸びていく。おおよその傾向として、痩せている間は草が横に広がり、肥えるに従って縦に伸びる。

⑤最終的な安定状態　畑作を続けると、夏は「ホトケノザ」や「オオバコ」、冬は「ハコベ」が優勢し、作物と同居するようになる。なお、ほかの草も絶えたわけでなく、たとえばブロッコリーやキャベツにはスギナが、インゲンやエダマメにはスズメノテッポウが同居する。そして、いったん出来上がった畑を休閑すると、今度は「セイタカアワダチソウ」や「ススキ」が生えてくる。

いい草、悪い草、ただの草、それぞれ活かせる

ウネ上に生えてきた春の草はビッシリ繁らせ、なるべくウネをいじらない。春の草は夏になれば枯れるし、夏の草が生えてくるのを抑え、ウネの保湿や遮熱にもなる。

作物の生育に支障が出るようなヒエなどの草は、いったん生やして絶やすのが基本。夏は水を打って土を冷やし、いっせいに発芽・伸長したところをバーナーで焼く。冬はバスタなどの除草剤を使うか、土を濡らして雑草の種子を発芽させ、薄く硝安をまいて、根の伸び始めを叩く。

これで表土二～三cmに種子が潜んでいた草は防げる。それより深い位置に潜んでいる草の種子は、土を動かさなければ目覚めない。クワを入れるのは表土二～三cmまでである。ただし、定植穴は土が起こされて草が生えてくる。そのため、定植後一〇日くらいで手取りする。その後、果菜では株の半径二〇cmの雑草を徹底的に手取りする。草丈が高くなる草は穂が出る頃に刈り倒し、マルチにすると秋まで草が生えてこない。

通路は土が硬いので、なかなか草が生えないが、生えてきたらそのまま生やしておく。土が焼けるような真夏、土の水分を保ってくれる。

4

農薬不要！

病害虫は観察と生態の見極めで防ぐ

初めての病害虫は一作捨ててでも生態をつかむ

初めてつくる作物や初めて発生した病害虫の観察は貴重な経験である。事あるごとに指導機関や栽培指針などに頼りきってしまったり、中途半端な対応でやり過ごしてしまっては、せっかくのノウハウ習得のチャンスを失ってしまう。

私は、とくにこれまで見たことがないような病害虫が発生したときには「あえて薬剤防除をせずに全滅覚悟で最後まで見届けてその生態をつかむ」という体験も必要だと思っている。多品目少量生産の場合、一作まるごと捨ててもたいした損害はない。

その病害虫の消長を観察し、生態がわかれば、再度同じ病害虫が発生しても薬剤散布せずにすませる方法があるかもしれない。最も有効な「叩き所」がどこなのかがつかめれば、ピンポイントで効率的な防除ができるかもしれない。そのようなピンポイントで叩く防除について紹介しよう。

❶ 病気には石灰防除

カルシウムが効けばしっかり育つ、病気も出ない

私のハウスは放置しておけばpH四・〇～四・三で安定する酸性土壌である。水田から転換した畑の土壌は強い酸性を示す場合が多くあり、毎作多量の石灰を入れて酸度を矯正してもあっという間に土壌に固定されて無効化してしまい、二カ月ともたないのが現状である。

とくに酸性を嫌うといわれるホウレンソウやハクサイなどを冬場につくるのは難しく、どうにか発芽はするものの葉が黄化して、枯れてしまうこともしばしばである。しかし、「野菜や花の適正pHは五・五～六・五」などといわれて改良しようとすれば、大量の石灰が必要になり、とんでもないコストがかかってしまう。

あれこれ試して最後にたどりついたのが半不耕起のウネで、不耕起層と耕起層の間にカキ殻石灰を層状に入れる方法である。これなら全層混和と違い、カルシウムが直接土と接触しないので長期間有効である。しかも慣行の半分程度の施肥量ですんでしまう。さらに、カキ殻石灰をキュウリやピーマンなどの葉の上と株元の両方にふりかける。終わったら、土の上のみしっか

病害虫は1作捨てても生態をつかむ

AOKI
ジ〜〜〜〜ッと観察
なんか視線を感じるな〜
チュ〜
モワモワ
バリバリ
ムシャムシャ
プチプチ
気にしない気にしない

りかん水（葉はそのままでもＯＫ）。これでカルシウムが効く。

カルシウムが効けば、しっかり育つし、まず病気は出ない。ハウスでは、いまだ殺菌剤をふったことがない。いっぽう、私の強酸性の畑にあえて石灰を入れないで栽培し、観察したところ、みごとに障害・病気が出た（図4―1）。ハクサイの芯腐れ、カリフラワーのチップバーン、ストックの菌核、これらに共通するファクターはカルシウム欠乏である。

作物が必要とする時期に効かせる「ふりかけ追肥」

ストックの場合、カルシウム要求量は十月末～十一月の発蕾期に最も高くなる。芯腐れや病気などの障害が出やすくなるのもこのころなので、なんとしてもこの時期に石灰を効かせたい。

だが、作付け前の八月末に元肥で石灰をやっても、一〜二カ月後にはもうpHは五を切ってしまうのが現実である。

　必要な時期に石灰を効かせるには、やはり追肥しかない。さんざん病気や障害に悩まされたあげく、追肥の研究を始めたのが五年前。葉面散布をやったり、消石灰をやったりもしたが、今は地元産の安い蒸製カキ殻である。マイルドな効きで、葉の上にいくらかかっても障害が起きないし、ストックに必要不可欠なホウ素などの微量要素も入っている。消石灰や生石灰でも効くだろうが、速く効きすぎて尿素などと反応し、アンモニアガスを出すことがある。

　年内出荷のストックには、石灰欠乏の症状が現われかけたら一〇a当たり五〇kgほどふりかける。元肥石灰（後述の層状元肥）をひかえめにしてある晩生のストック（彼岸過ぎ出荷）のほうは、花芽を持った厳寒期に二回に分けて計一〇〇kg近くをふりかける。

　春先からつくるトマトやキュウリ、ピーマンなどの果菜類には、月に一回ずつくらい一〇a当たり三〇〜四〇kgをふりかけてやる（図4−2）。石灰欠

ハクサイの芯腐れ病

カリフラワーの葉の展開障害

ストックの菌核病

図4−1　あえて石灰を入れずに栽培してみたら……

乏の症状が出やすいのは、二〜三日雨が降ったあとにカッと照ったとき。雨のうちにそれを予測してまいておくと、うまく欠乏を防げる。また、葉の表面にバサバサかかるようにまいたほうが効きはいいようで、ウドンコ病などの「中性で出る病気」には明らかに効く。

要求量の高い作物には「層状元肥」で効かせる

石灰は追肥で効かせるのが一番だが、元肥に入れる作物もある。芯腐れなどの出やすい（カルシウム要求量の高い）ストックとハクサイ、そして追肥するほど生育期間が長くないホウレンソウなどの葉物である。ただし、不耕起・半不耕起が基本なので、全面全層にすき込むわけにはいかない。そこで編み出したのが層状元肥である（図4—3）。

図4－2　カキ殻石灰を葉の上からまけば病害はほとんどでない

私の使うカキ殻は県内産。流通経費がかからないので割と安い。カキ殻は高温で焼くと溶けやすくなるとよくいうが、このカキ殻は蒸してある。タンパク質などの成分も残っていて栄養豊富　（赤松富仁撮影）

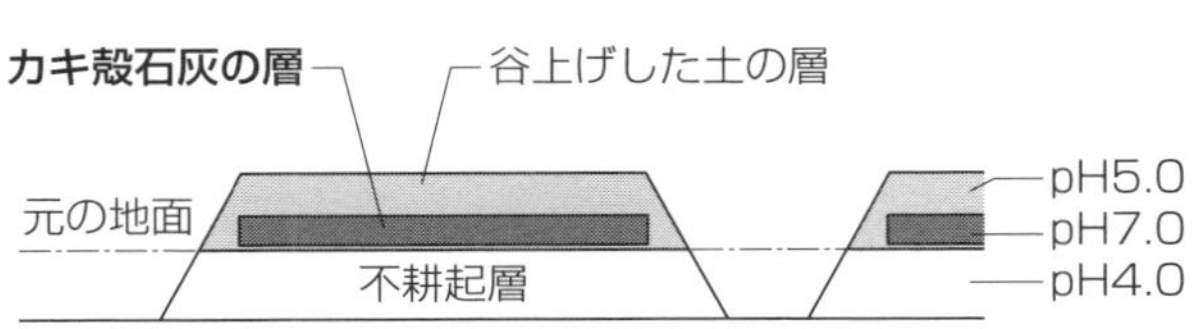

図4－3　完成した石灰層状施肥ベッドのしくみ

不耕起層の上に三cmくらい層状にカキ殻を載せ、そのうえに作物が植わるくらいの二〜三cmの土をかぶせてウネとし、定植。こうすると、層状のカキ殻を突き抜けて、ホウレンソウの根はpH四・〇の不耕起層にもズブズブ入って元気に育つ。「ホウレンソウはpHが七くらいの畑でないとできない」とまことしやかにいわれるが、問題はpHではない。カルシウムさえちゃんと吸えれば、ホウレンソウは育つ。

「濃いカキ殻層で根が傷むことはないかな?」とも思ったので、試しにカキ殻一〇〇%のプランターでトウモロコシやピーマン、花苗をいくつか育ててみたことがあるが、障害はいっさい起きなかった。カキ殻集中層の中では、根は傷むどころか、石灰を一生懸命吸う。

石灰は土の中で不溶化しやすい。作土全体に混ぜてしまうと、せっかく溶け出しても作物に吸われる前に固まったり、流れてしまう。他の塩基類と拮抗作用を起こすことも多い。カキ殻だけの層をつくって根がそこを通るように仕組む層状元肥なら、溶けた石灰が確実に作物に吸われる。

発症は生育転換時、もう一つの条件が重なったとき

ホウレンソウやエンドウなどのマメ類は酸性土壌を嫌うのではなく、じつはカルシウム欠乏に敏感なだけなのではないだろうか? ホウレンソウの太い直根は石灰層も不耕起層も貫通してまっすぐ下に伸び、しっかりと生育する。このように病気や障害の一番の原因はカルシウム欠乏であるが、それが発症するには、さらに別の条件が重なったときである。

冬場のハウスはどうしても換気が不十分で過湿気味になる。地温も下がり続けて根からの養水分吸収能力が低下する反面、作物は生長を続けようとするために地上部と地下部のバランスが崩れて、微量要素の欠乏や病気などの障害が出やすくなる。これらの病害は結球始め・発蕾・開花など、何らかの生育の転換点で発生することが多く、時として大発生して殺菌剤の散布程度では止まらなくなることがある。

また、図4―4のようなピーマン類の焼けたような果実は、石灰欠乏+日当たりの複合障害である。葉がワサワサ繁っているようなところには出ないが、葉の密度が薄くて果実が露出しているところに多発している。これにカキ殻をまけば、次からの実には出なくなるが、指導機関に持っていくと「うーん、これはエキ病かな? 黒腐病かな? クスリはこれにしましょうか……」という具合になる。

ストックの場合、灰色カビ病は「石灰欠乏+気温激変」、菌核病は「石灰欠乏+固形肥料の焼け害」の複合障害である。原因がわかれば、農薬はいらなくなる。

病気の本当の原因は何か？その原因の根っこは？

私のように一つのハウス内で何種類も作物を密植栽培する場合にもっとも怖いのは菌核・灰色カビ病などの伝染病である。菌核病を例にして、その発生プロセスを図にしてみた（図4―5）。

図4－4　発症は生育転換時

（左）ピーマン類の尻腐れも石灰欠乏。梅雨明け後にカッと晴れると石灰欠乏が出やすいので、その前に予防で追肥しておくとよかった。だがこうなってからあわててカキ殻追肥した場合でも、次の果実からは症状が出なくなる
（右）キュウリの生長点がおかしくなったのは、石灰欠乏の症状
（赤松富仁撮影）

例年、平均気温が一五度を切る頃からストックには菌核病が多発するようになる。「この時期から病原菌が活性化するためである」と一般的に説明されているが、かといって病原菌が充満しているような圃場でも健康な作物にはまったく発病しない。この病気は発生を認めた時点で殺菌剤を散布してもほとんど効果がなく壊滅的な被害を出すことがあるが、これは手遅れの状態で防除しようとしているからである。

発病の前には必ず前触れがある（図4―6）。病気の侵入ルートはいくつかあるが、どれも葉に何らかの物理的な障害（凍害、肥料焼けなど）を受けて病原菌の突破口ができてしまうことにある。これが菌核病発生の真の一次原因であり、本来の早期防除の時期である。さらにこの一次原因がなぜ発生したのか、問題の源流をたどってみれば「原因の根っこ」が見えてくる。

ここで対策を考えれば、①元肥をひかえて下葉の過繁茂をなくす（老化葉から病原菌が入りやすい）、②追肥は液肥で行なう（固形肥料だと、葉に乗って葉焼けを起こす）、③カルシウムをしっかり追肥する、といった日常の管理だけで防除でき、薬剤を使う必要もなくなる。

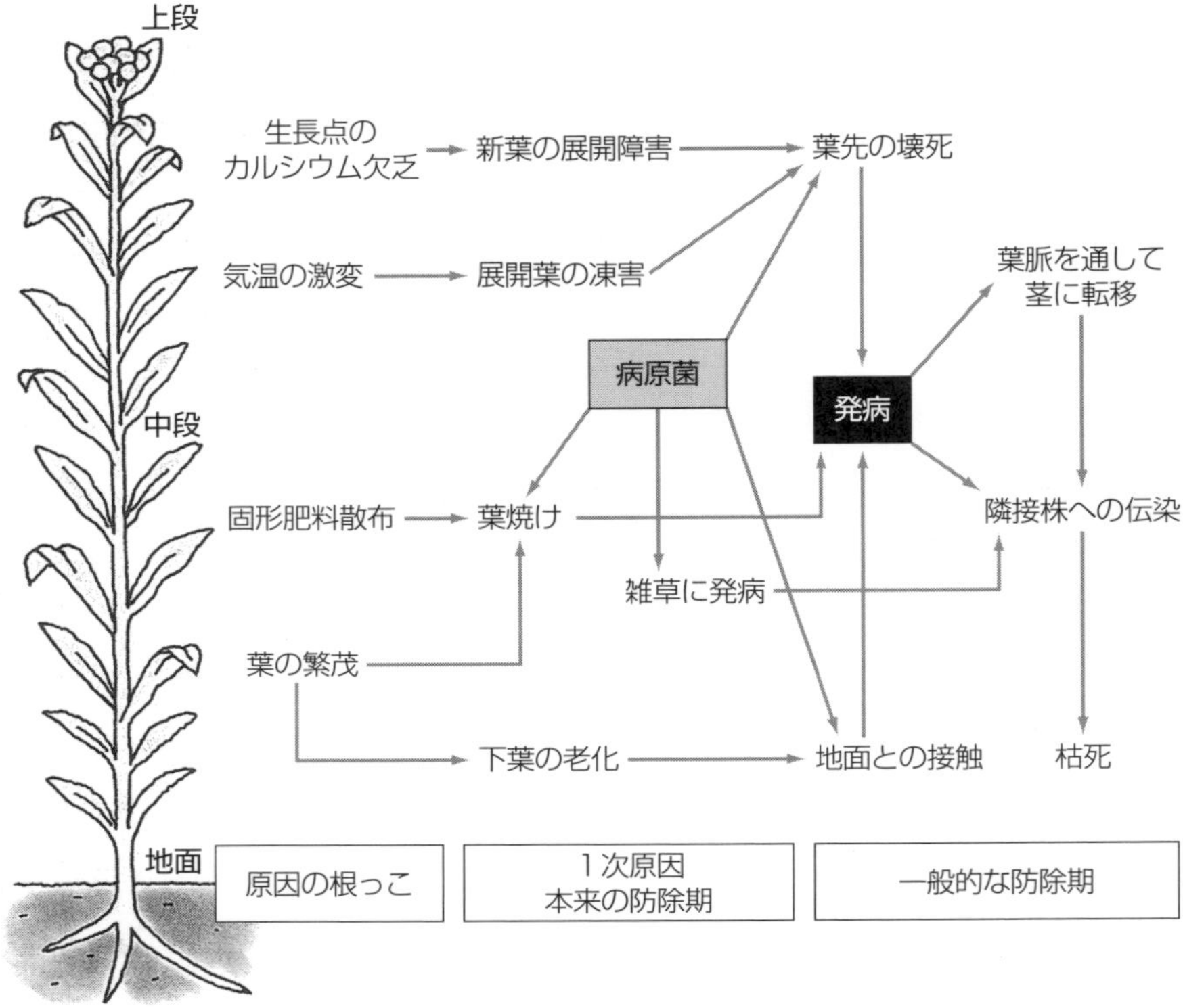

図4－5　ストック菌核病発生のプロセス

過湿時、障害部分から菌核病が侵入（この時点で発病）

発蕾期の新葉先端にカルシウム欠乏による展開障害発生

菌核病の進行を追ってみた

果菜のウドンコ病は指標作物にキンセンカ植え付け

冬のハウスで、エンドウなどウドンコ病に弱い作物を栽培する場合、最初に発病するのは外から胞子が入り込みやすい出入り口付近か風上のサイド際である。そのため、ハウスが建っている周囲の地形から風向きを考え、ドア付近やサイド際にウドンコ病の出やすいキンセンカを植えておくと、作物が発病する前に発病し、予兆を知ることができる（図4―7）。

また、ハウスの外の雑草にも、西洋タンポポやヨモギなどウドンコ病にかかりやすいものがある。これらも完全に退治してしまわないで「指標植物」として使う。キンセンカにしろ雑草にしろ指標として働いてもらうには、普段から肥料も水も与えず、少し虐待して弱らせておくのがコツである。

写真は間もなく収穫が終わる時期のスナップエンドウである（図4―8）。収穫中の実のすぐ下の葉まで病斑が上がってきているが、まだ元気である。夏作のトマトやキュウリもウドンコ病に弱い作物であるが、病斑の進行が生長速度に追いつかないうちは問題ない。もし、追いつきそうなときに

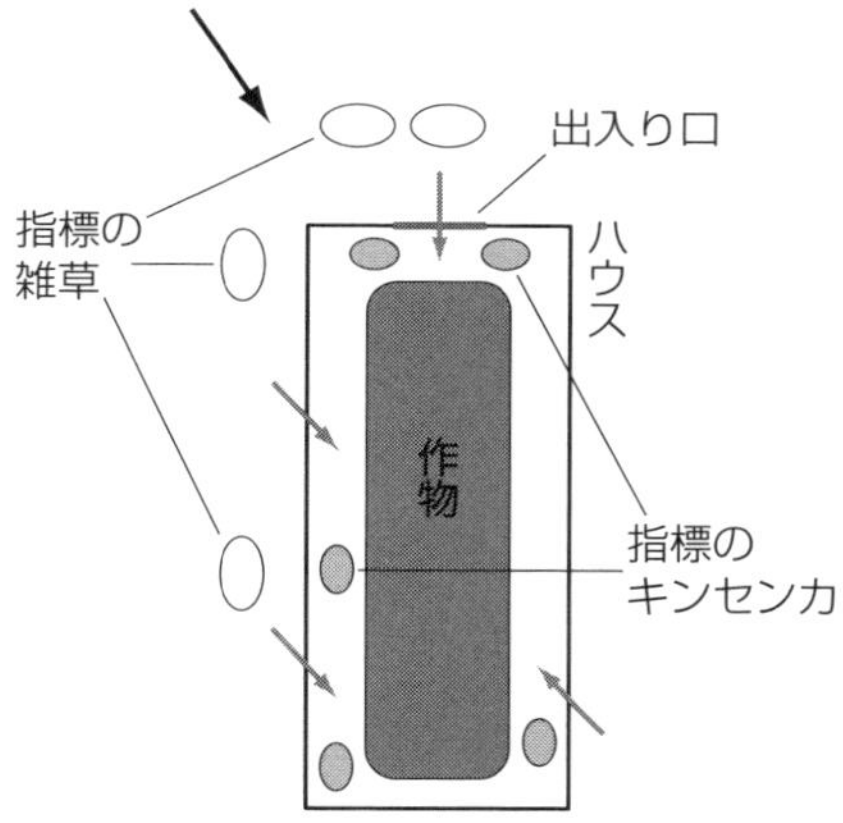

図4－7　ウドンコ病胞子の侵入路に発生の指標となる植物を配置

図4－6　ストックの
葉脈をたどって菌糸が茎に転移。隣接する株へも転移(手遅れ)

図4－8　スナップエンドウのウドンコ病

は、葉っぱの上からカキ殻石灰の粉末をバサバサとふりかけたままにしておき、次のかん水で洗い流してやれば進行は止まる。

2 害虫にはピンポイント防除

この虫は害虫か？益虫か？観察なくして技術なし

私は一棟のハウスで、少量多品種の野菜を年中ほとんど休みなしにつくっている。このような環境で、もし害虫が大発生したら、何十種類もの作物に共通して登録のある薬剤などないし、ましてやハウスを密閉してのくん煙や全面散布など、いわゆる徹底防除はまったく不可能である。

そこで、害虫を次の作物にまで持ち越さない輪作のパターンや、害虫がつきにくい植え方などのノウハウの蓄積が、防除技術の大事な要素になる。また、ハウスの中に棲んでいる虫の種類やその生態についても日ごろから観察しておくことが大切である。

一例として私のハウスに大量に棲んでいるダンゴムシ（図4―9）。この虫は害虫だろうか？　益虫だろうか？　そこにいるだけのただの虫だろうか？

発芽したばかりのエンドウやトウモロコシの芽を片っ端から食べてしまう、という面では嫌な害虫だが、別の場所で育苗するというひと手間だけで、害虫ではなくなる。作物の残渣や枯れた雑草を食べてせっせと堆肥を生産してくれる大益虫という評価になる。

このように、虫は人の都合で一〇〇%害虫、益虫と単純に分類できないこともあるので、虫を見かけたらすべて殺してしまえばよい、という単純な価値観で防除を考えてはいけないと思う。

図4－9　ダンゴムシ
害虫か？　益虫か？

アブラムシ類——アブラナ科はエンドウなどの「マメ障壁」で

ストックやブロッコリー、ハクサイ、キャベツなど、冬のハウスではアブラナ科の作物を多く作付けるが、これらに共通する最大の害虫はアブラムシである。中でもストックは見た目を重視する観賞用作物だから、葉っぱ一枚でもアブラムシが付いた痕跡があれば商品価値が下がるし、ましてや花の中から虫が出てきた、などということは許されない。しかも、ストックはあまりメジャーな花ではないので、登録農薬の種類も多くない。

冬のハウス作物に発生するアブラムシには、アブラナ科作物に共通するグループとエンドウやインゲンなどマメ科作物に共通するグループがあって、それぞれ好む作物によって棲み分けている。しかし、最初にハウスに侵入するルートはどれも換気中のハウスサイドからである。

そこで、私はストックの外側にツルインゲンやエンドウなど背の高い作物（障壁作物）を植えるようにする。これなら、アブラムシがサイドから飛び込んでブロッコリーで繁殖したとしても、その先のマメの壁を乗り越えられず、ストックにまで被害が出ることは防げる（図4—10）。

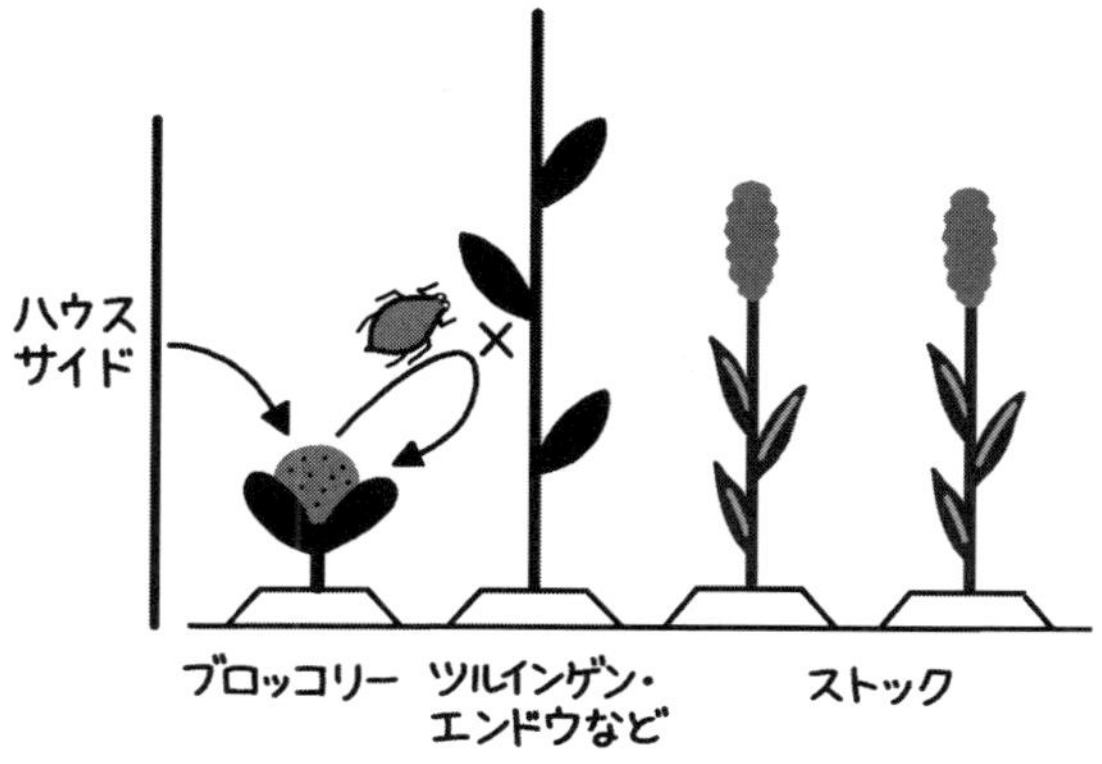

図4－10　アブラムシ類は「マメ障壁」でシャットアウト

モモアカアブラムシ ——ストックは初発点で五株くらい広がったとき

ストックの三大害虫の一つ、「モモアカアブラムシ」は十一月初旬頃から発生し、隣接する数本の株に移動して生長点のまわりにコロニーをつくり、吸汁によって葉を萎縮させる（図4—11）。

発生の始まりは晩秋から初冬にかけて北よりの季節風が卓越するようになるころ、換気中にサイドから飛び込むことが多く、初発点はある程度特定される（図4—12）。南北向きのハウスの場合、北半分のサイドからは暖気を吸い出し、南半分からは外気を吹き込む気流が安定するので、アブラムシはまず南側のサイド際に多く発生することになる。この時期になったら、最初に発生しそうな場所を中心に観察してまわって被害株を探す。

　羽を持たないモモアカアブラムシは急速に広がることがないので、五株くらいが被害を受けて、広がりがハッキリした時点で、そこだけ防除すればよい。かん水後の葉が濡れている状態でオルトランまたはモスピラン粒剤を株の上からパラパラとまくだけである。これらの薬剤には浸透移行性があるので、葉から吸収された成分が生長点付近のアブラムシに届き、残効も一カ月前後あるので再発生も防げる。

図4－11　モモアカアブラムシ
（奥山七郎撮影）

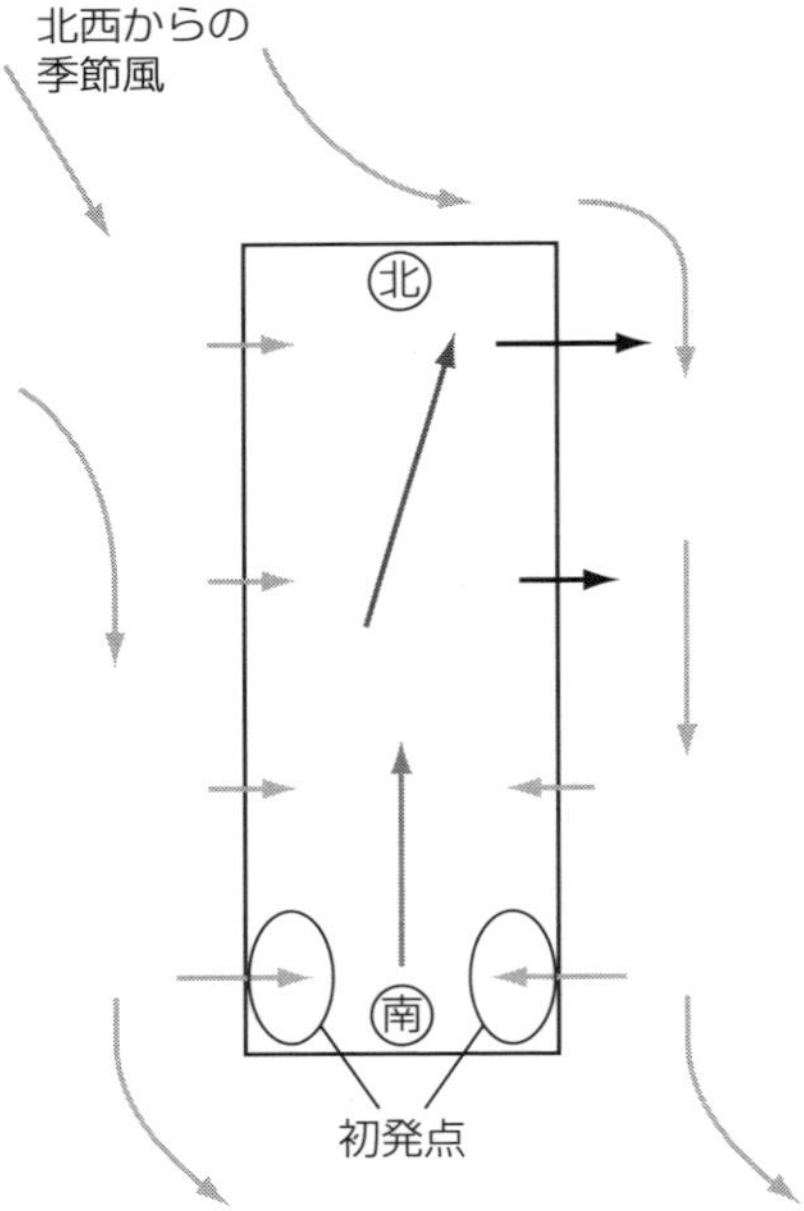

図4－12　ハウスの寒気（淡）・暖気（濃）の流れとモモアカアブラムシのピンポイント

ムギクビレアブラムシ——トウモロコシは茎側面、展開葉裏、雄穂の順に

　トウモロコシには必ずといっていいほど「ムギクビレアブラムシ」が発生して、収穫間近の実を汚して商品価値を落としてしまう（図4—13）。この時点での防除では手遅れである。定植

一カ月後の分けつが終わったころ、草丈の中間の高さの茎側面に一〇円玉くらいのコロニーをつくるのが初発点なので、ここを叩く（図４―14）。家庭菜園用の五〇〇mℓ程度のスプレー容器にアクタラ水溶剤三〇〇〇倍液を入れ、コロニーを見つけ次第、ひと吹きするだけである（図４―15）。

　これを見落とすと、展開葉の裏側に移動してしまうので発見しにくくなる。それでも、下葉やマルチの上に分泌物がべったり付着するので、それを目当てに、ひと回りする。隣り合う株と交差して接触している葉を折って虫が移動できなくした上で被害株にスプレーする。

　これをも見落としたら、群れは雄穂に隠れてしまう。そうなったら、雌穂の上の茎をハサミで切り取り、虫が飛散しないよう肥料袋に入れてハウス外に持ち出す。

図４－１３　ムギクビレアブラムシ

（木村裕撮影）

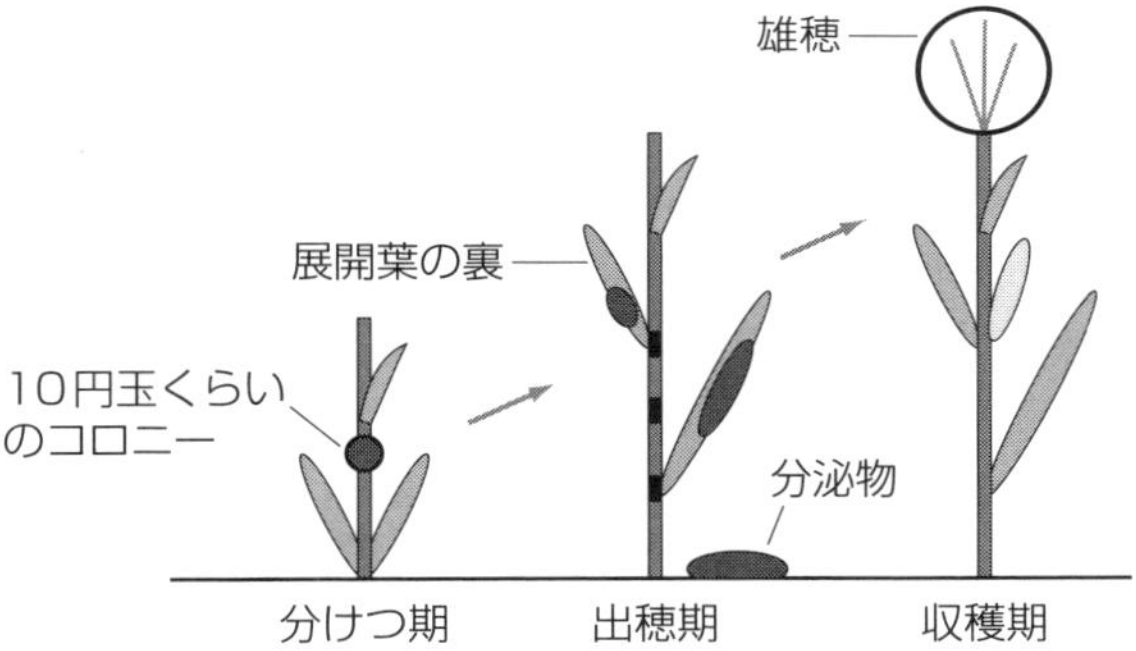

図４－１４　トウモロコシ：ムギクビレアブラムシのピンポイント

図４－１５　家庭菜園用のハンドスプレー

アブラムシのコロニーめがけてひと吹き

ヒゲナガアブラムシ、マメアブラムシ
——ソラマメは生長点の周囲、サヤのスジに

ソラマメの場合、アブラムシが発生する場所は二カ所ある。生長点の周囲の若い葉や茎に密集して発生するのは「ヒゲナガアブラムシ」である（図4―16）。葉っぱと同じ色をした大型のアブラムシで、吸汁によってウイルス病を媒介する。これとは別に、花が落ちたばかりの小さなサヤに初発し、実の生長とともにスジ（縫合線）に沿って増殖するのが「マメアブラムシ」である（図4―17）。黒っぽい小さなアブラムシで、実の商品価値をなくしてしまう。

これら二つのグループは発生する時期も寄生する場所も違う（図4―18）。ヒゲナガアブラムシは生長点付近を重点的に真上から、マメアブラムシは開花中の花と実を中心に下から防除する。両者を見分けることで、少ない薬剤の量で効果的に散布できる。

露地栽培のソラマメには、ほかにも薄いピンク色をして、つぶすと血のような赤い色が出るアブラムシが付いて

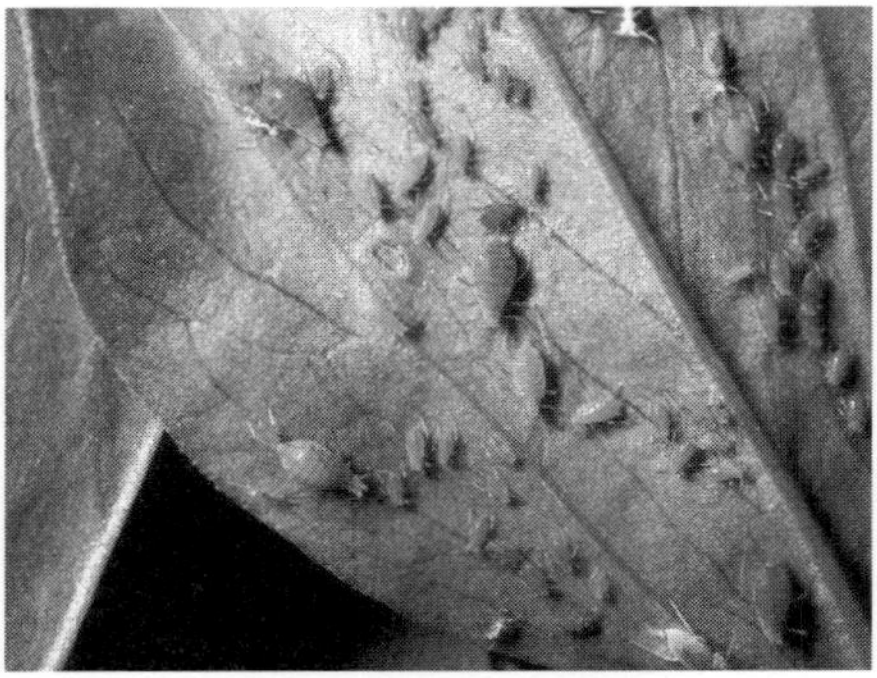

図4－16　ヒゲナガアブラムシ

（木村裕撮影）

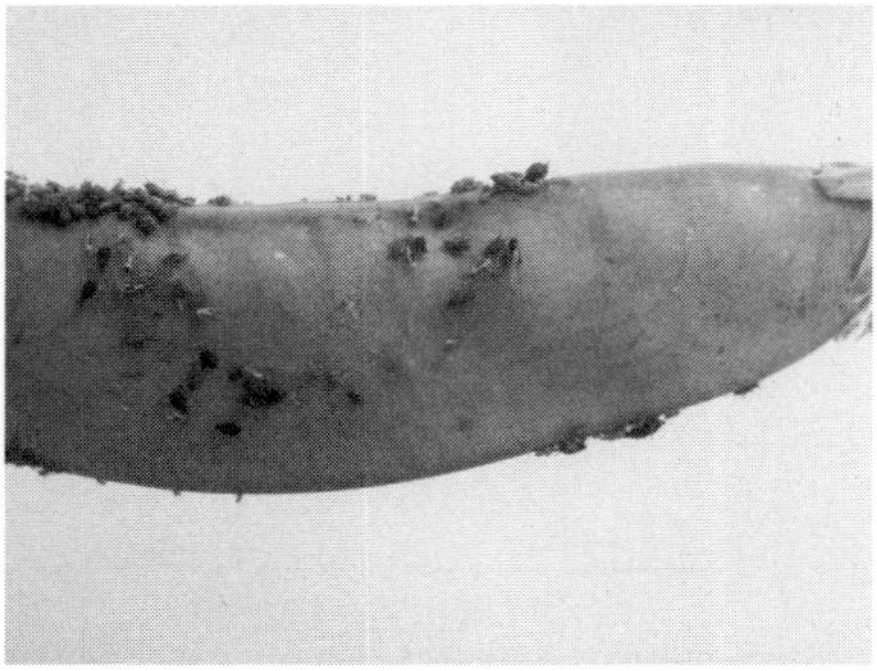

図4－17　マメアブラムシ

（木村裕撮影）

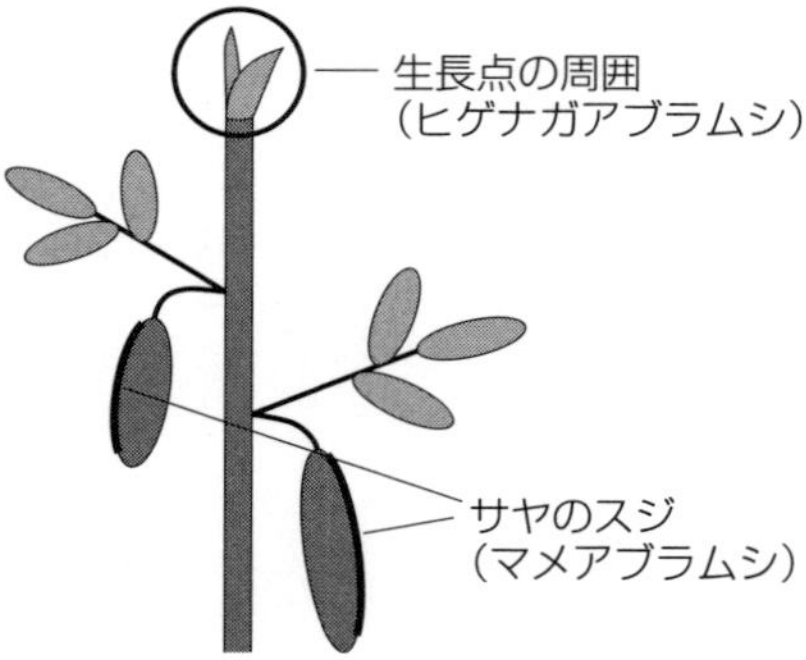

図4－18　ソラマメ：ヒゲナガアブラムシ・マメアブラムシのピンポイント

いることがある。しかし、これは作物に悪さをしない種類で、春になってセイタカアワダチソウが生長してくれば、そちらに移動して繁殖する「ただの虫」である。

なお、マメアブラムシはハウス栽培のインゲンマメにも付くことがある。被害が大きくなるのは収穫が始まる五月だが、初発点は三月下旬、若いサヤとその周囲の葉裏である。とくに葉の裏に大きい個体や小さい個体が入り交じって密集した固まりをつくっていたら、その後しばらくして周囲の株にまで大発生するので、注意が必要である。

アブラムシは移動能力が低く、急にハウス全体に広がるということはなく、アリによって別の株に運ばれる場合が多い。ツルを上り下りするアリを見かけたら、同時にアブラムシの発生も疑う必要がある。

コナガ——ハウス外側に好物ナバナを植えて阻止

普通、ストックのハウス栽培では、サイドの換気部に防虫ネットや寒冷紗を張って成虫の飛来を防ぐが、防虫用資材は設備コストがかかるだけでなく、換気を悪くして他の病害発生の原因にもなる。また、十分に注意していても、ハウス内で「コナガ」が発生してしまうこともよくある。しかも、成虫が外に出られないためにハウス内で世代交代を繰り返してしまい、大被害につながることもある。その点、私は一度もハウスに虫除けを設置したことはないが、ここ十数年間、コナガの大被害を受けたことがない。

アブラナ科の作物は、それぞれ単体で栽培するとコナガが同じような密度で発生するが、多種類を混植すると食害を激しく受ける作物とあまり被害を受けない作物の差が現われる。被害を受けやすい順に並べると、ナバナ→ブロッコリー→キャベツ→ストック→ハクサイになるだろうか。このコナガの習性を利用すれば無防除でストックのハウス栽培が可能になる。ストックよりも外側のウネに、コナガがストックよりも好むブロッコリーやキャベツを植えるのである（図4―19）。

そして、ハウスまわりの露地にナバナを植えれば完璧である。美味しいナバナが露地にあれば、コナガはわざわざハウス内まで侵入せず、そこに定着する。たまたま迷い込んだ成虫もハウス外に誘導してしまえばよい。なお、サイド際のキャベツは、コナガが外葉しか食害しないので問題ない。

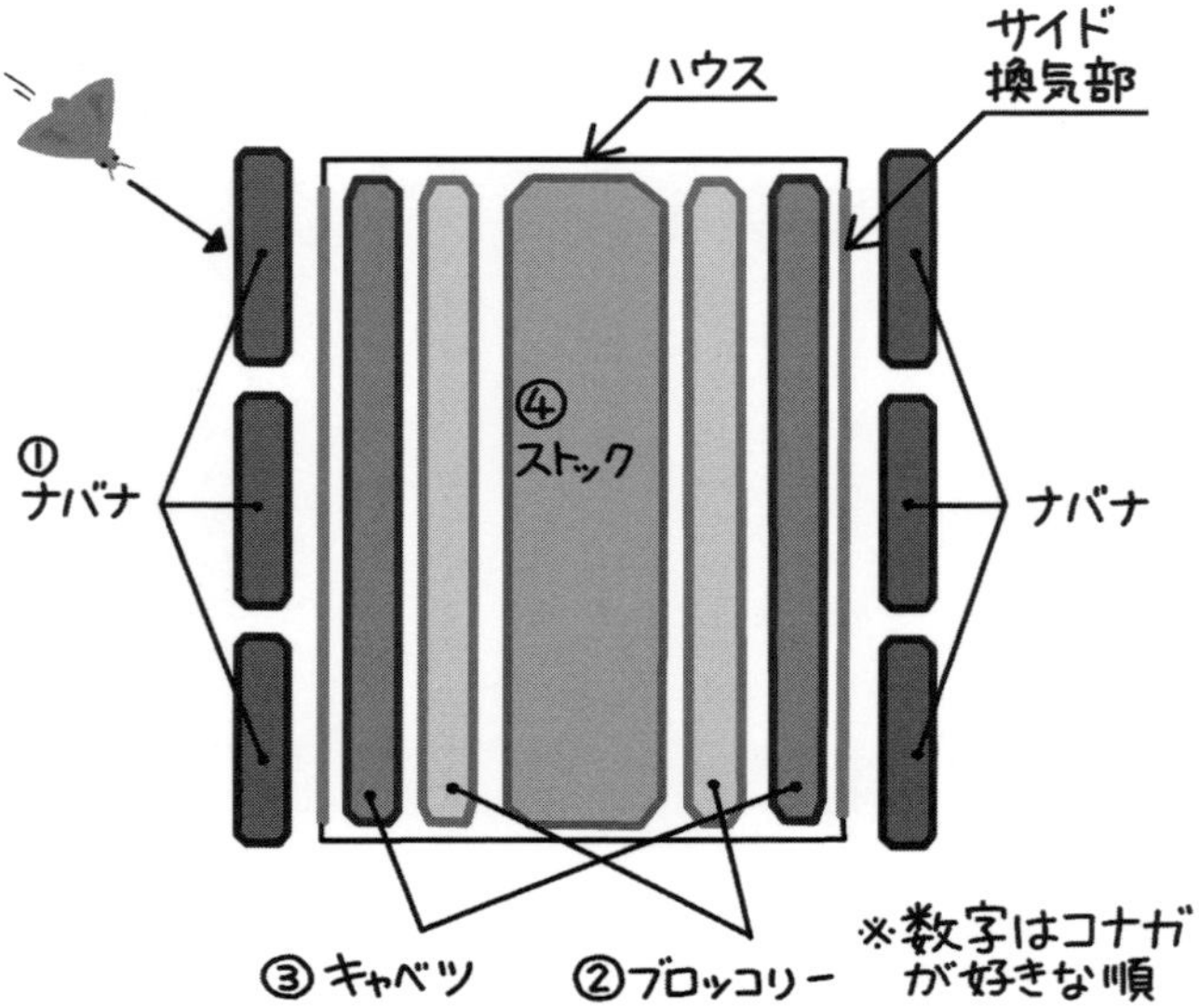

サイドの換気部を挟んで、ナバナ（外）とキャベツ（内）が隣に植えてあるので、コナガはハウスの中に入ろうとはしない。偶然ハウスの奥まで入ってしまっても、ストックの隣にブロッコリーが植えてあるので、好きなブロッコリーに産卵。ストックが守られる

図4－19　コナガは好物でおびき寄せ作戦

シンクイムシ（ハイマダラノメイガ）——苗箱施用による防除がラクで低コスト

私はできる限りの作物を、直播ではなく苗箱かプラグトレイで育苗したのち、定植している。その理由は初期生育管理のコストダウンと本圃の有効利用のためである。ひ弱な幼苗期を広い圃場で管理するよりも、何十分の一かの面積を管理するほうが基本的に楽で低コストである。

たとえば、三重県松阪市周辺でストックに付く、おもな害虫を発生順に並べると、温暖期に激発する「シンクイムシ（ハイマダラノメイガ）」（図4—20）、秋～厳寒期に何世代か発生のピークを繰り返すコナガ、寒くなったころからじわじわと増え続けるアブラムシの三つがある（図4—21）。ストックは栽培開始がちょうどこのシンクイ

ムシ発生のピークである初秋に当たり、最近の温暖化の影響か、被害が拡大し続けている。

もしもこの時期にストックを直播栽培しようと思えば、発芽初期の立枯れ病なども含め、病害虫防除のための手間と経費は非常に大きなものになる。一〇a当たり四万本の、圃場いっぱいに分散した苗のシンクイムシ防除には、おそらく一万円以上かかるだろう。

しかし、定植直前のオルトラン粒剤の苗箱施用ならば一〇〇〇円足らずの経費、一〇分ほどの手間ですむ。それでも、定植後一カ月近く残効があるから、本圃では何の防除もせずにシンクイムシの発生ピークを乗り越えられるのである。

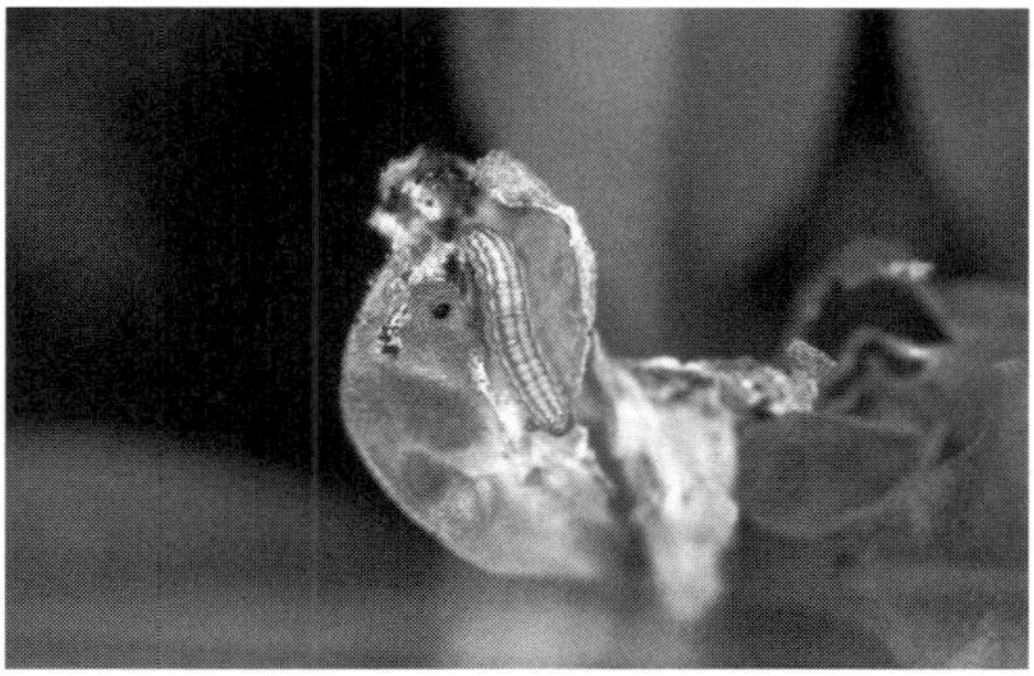
図4－20　シンクイムシ（ハイマダラノメイガ）
（植松清次撮影）

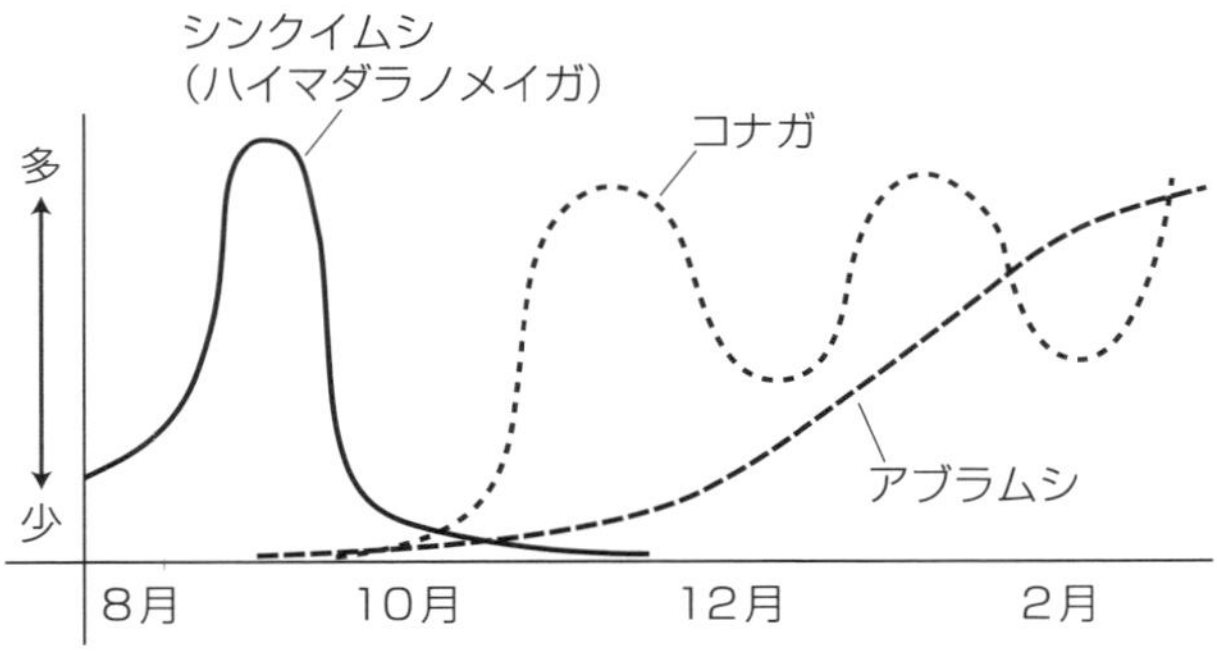

図4—21　無防除での害虫発生パターン（三重県松阪市のハウス）

アワノメイガ、アワヨトウ
——トウモロコシは付け根の隙間をねらう

トウモロコシの三大害虫は先のアブラムシのほか、茎や実の芯にまで食い込んで食害する「アワノメイガ」幼虫（図4—22）、雌穂のヒゲを食べながら包葉内部に入り込む「アワヨトウ」幼虫（図4—23）がある。六月いっぱいまでの収穫ならば食害を避けられるが、幼虫の発生が早い年や露地作型ではコーンに激しい被害を受けることがある。

ハウス栽培の場合、トウモロコシは

草丈が二mを超えて生長するので薬剤の全面散布はとても無理である。それに、幼虫が茎や実に侵入するのを見逃してしまったあとでは、どれだけ防除してみても殺虫剤が虫に直接かからず、すでに手遅れの状態になっている。

　これらの幼齢幼虫は茎や実に侵入できる大きさになるまでの間、抽出したばかりの若いコーンの付け根の隙間に集まって、しばらく身を隠す性質がある（図4―24）。効果的に防除するならば、この時期と場所しかない。五月下旬を過ぎて気温が急上昇し始めたころ、そこを集中的に見て回って、小さな虫を認めたら、デナポン粒剤をひとつまみずつ落とし込んでやれば、よく効く。

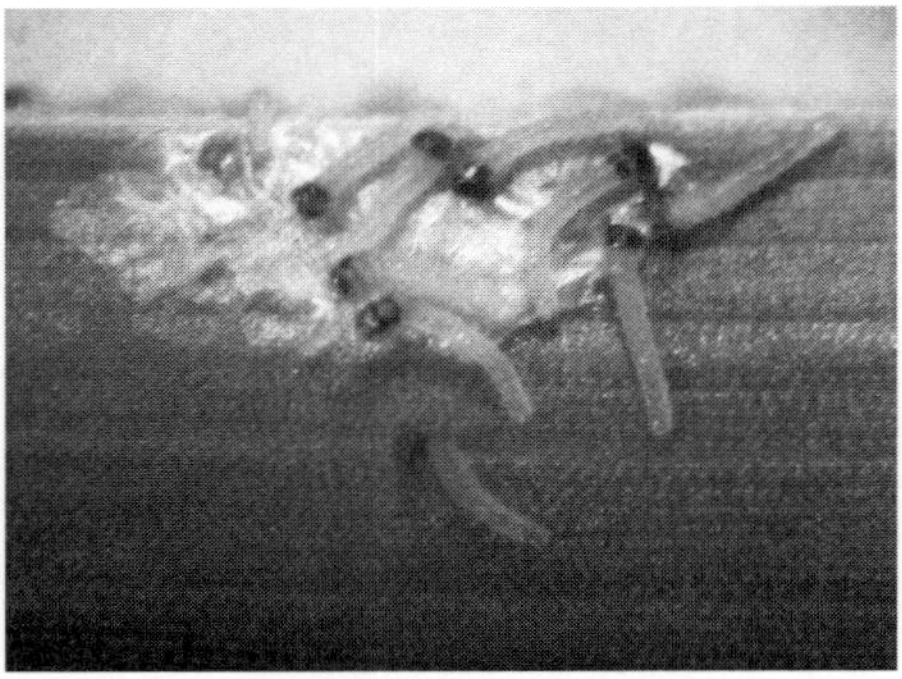

図4－22　アワノメイガ

（平井一男撮影）

図4－23　アワヨトウ中齢幼虫

（木村裕撮影）

ハモグリバエ

エンドウでは生育が旺盛なら問題ない

　私は現在、夏播きで晩秋から春まで収穫する作型のスナップエンドウを栽培している。これには必ずといっていいほど「ハモグリバエ（エカキムシ）」

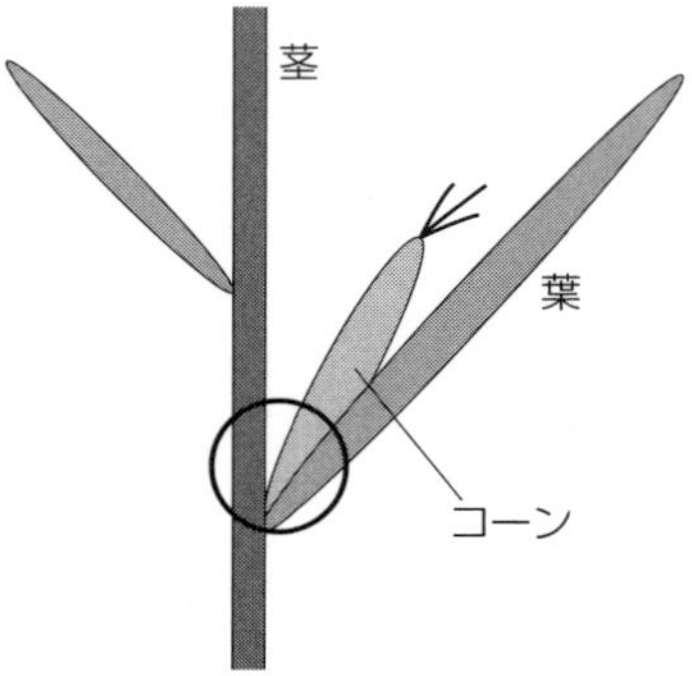

図4－24　トウモロコシ：アワノメイガ・アワヨトウのピンポイント

が発生する。今のところ効果的な防除法はないが、エンドウの生育が旺盛でありさえすれば、新葉の発生スピードに虫の発生スピードが追いつくことはなく、エンドウの収穫にはたいした影響がないので放置できる（図4―25）。ただ、エンドウから発生した成虫が他の作物に産卵のため飛び立つので注意が必要である。

インゲンでは葉裏にくっついて死ぬ

エンドウの隣のウネにはインゲンがあるので、収穫の終わったエンドウからたくさんのハモグリバエがインゲンに向かって飛び立つ。産卵のためにインゲンの葉裏に止まったハモグリバエの成虫は、粘液にとらわれてしまうためなのか、ハエトリ紙に止まったハエのようにその場から動けずに死んでしまう（図4―26）。また、葉に産卵痕は多量に認められるが、幼虫が孵化して葉を食害することはほとんどない。

図4－25　ハモグリバエの幼虫にやられたエンドウの葉

新葉の発生スピードが速いので、マメには害はない
（松村昭宏撮影）

図4－26　インゲンはハモグリバエの「ハエトリ紙」

ツルインゲンの葉裏についたハモグリバエ（成虫）が動かなくなった

このように、エンドウの横にインゲンの垣根をつくることで害虫のフィルターとしての役目をさせることができるのである（図4―27）。

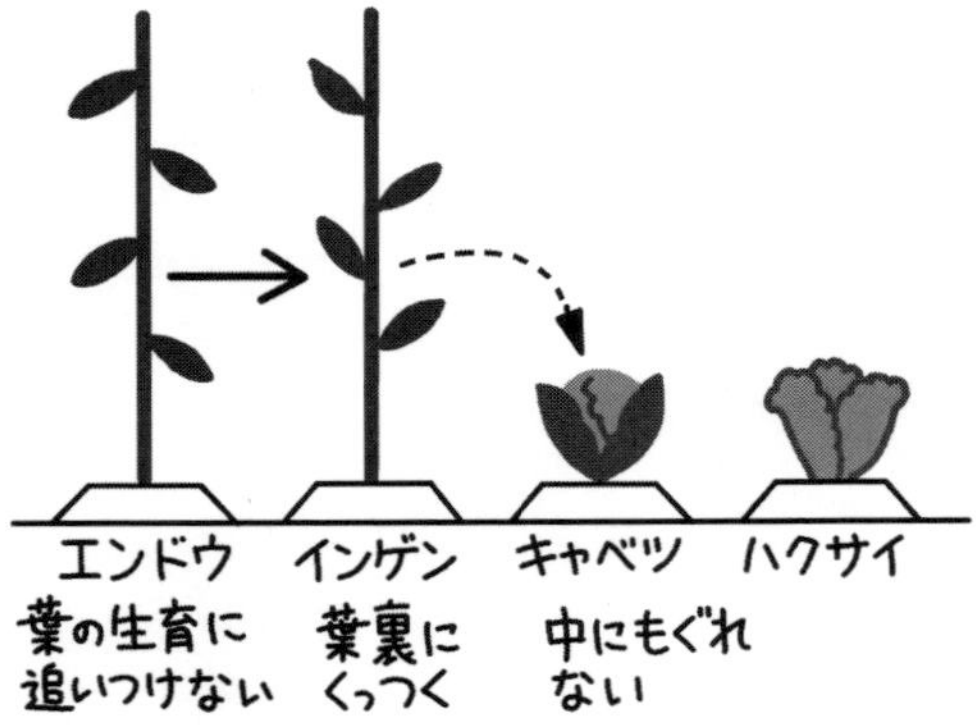

図4－27　ハモグリバエは「インゲンフィルター」で足止め

キャベツでは葉の中に潜り込めない

エンドウから発生したハモグリバエは同じハウス内にあるキャベツやハクサイにも産卵する。ちょうど結球が始まったばかりのハクサイの外葉がやられると品質低下の原因になる。

　そこで、私はハウスのサイドからエンドウ、インゲン、キャベツ、ハクサイの順で作物を植えている。インゲンのフィルターを通過することができたハモグリバエはキャベツの外葉にも産卵するが、どういうわけか孵化した幼虫が葉の中に潜り込めず、その場で一〇〇%死んでしまう。

　このように、ハウス内では冬じゅうハモグリバエが大発生するが、インゲン、キャベツの防壁に妨げられ、春作のハクサイにまでたどり着ける成虫はごくわずかで、結果的にどの作物もたいした害は受けず、無防除でもとくに問題は発生しないことになる。

5 暖房不要！

冬のハウスは夕方かん水で凍害を防ぐ

日中はポカポカ、夜は満天の星空の翌朝が危ない

下の図は当地の一～二月の気温推移のグラフである（図5—1）。①は冬型の気圧配置が続いた時期で、最高気温の低さにくらべて最低気温はそれほど低下していない。②は雨や曇りが続いた時期で最低気温が最も高くなっている。データは野外の観測値なので、ハウス内の最低気温はこれより二～三度高いと思えばよく、これといった低温対策はしなくても大丈夫である。

問題は③のような日で、強い冬型の気圧配置の前後によく現われる。季節風も収まって日中はポカポカ陽気、夜は満天の星空というような日の翌朝は極端に低温になりやすいので、最も注意しなければならない。とくに日没時の室温が一〇度以下のときは、翌朝に野菜が凍結する可能性が高くなる。

そこで気化潜熱を利用してハウス内の温度を夜間まで高く保つため、私は日没直前にかん水する。これが温度が下がる危険日を乗り越える最大のコツである。かん水は作物への水やりや追肥を効かせるためだけでなく、ハウス内の温度管理、とくに冬場の夜温確保に重要な役割を負っている。

ハウスは放射冷却で熱が奪われ、結露で潜熱放出

皆さんは「なぜハウスが冷えるか」について考えたことがあるだろうか？

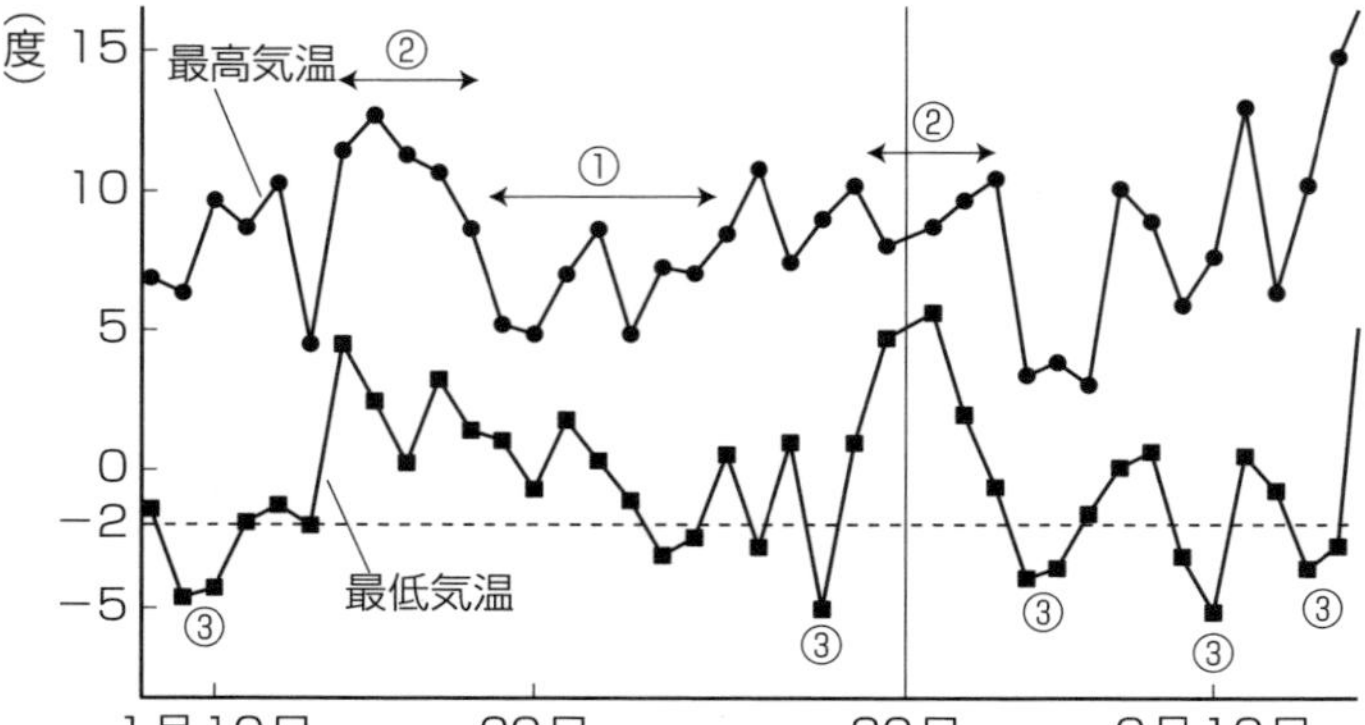

③のような日が危ない。日中暖かく、夜は満天の星空になる日の翌朝はとくに注意

図5—1　厳寒期、日ごとの気温推移（2006年1月10日～2月10日）

冷たい外気が進入するからでも暖気が隙間から逃げていくからでもない。熱は「伝導・対流・放射」の三つの経路で温度の高いところから低いところへ移動するからである。つまり、夜間のハウスでは、温かい地面から冷たい天井に向かって対流が起き、冷えた被覆を通して（伝導）熱が逃げていくとともに、ハウス内のすべてのものからの赤外線放射、いわゆる放射冷却によって熱が奪われるのである。

また、水には固体、液体、気体の三相がある。たとえば氷が溶けて水になるとき（融解熱）や水が蒸発して水蒸気になるとき（気化熱）のように、相から相に変化するときには必ず周囲から熱エネルギーを吸収したり放出したりする。

農業でも打ち水や細霧冷房、イチゴ高設ベンチの培地冷却など、ものを冷やす場合にこの気化熱はよく使われる。このとき奪った熱エネルギーはどこかへ消えてしまうわけではなく、夜間、結露したり凍ったりするごとに放出されるのである。これらをあわせて「潜熱」と呼ぶ。

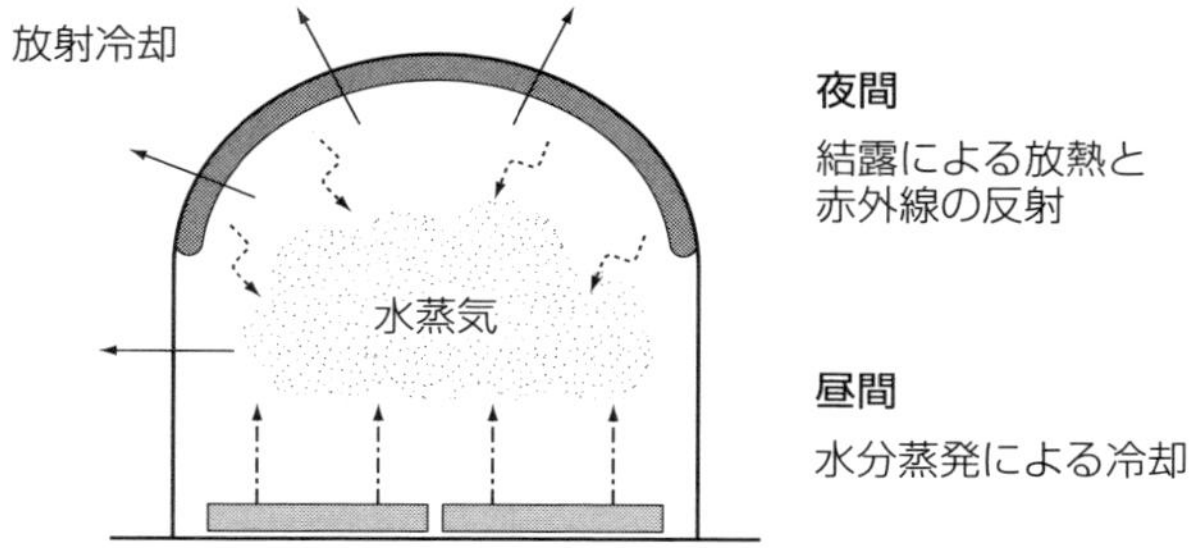

土から蒸発した水蒸気が天井近くで霧のようになり、放射冷却を防ぐ（赤外線の反射）。また、水蒸気が結露したり凍ったりすると熱が出る（放熱）

図5−2　ハウスの熱移動（熱力学）

これらハウスの熱力学を理解しておくと、無加温ハウスでもいろいろと工夫できる（図5―2）。

夕方かん水はハウスが冷えない、病気にならない

夕方、日があるうちにかん水すると、水蒸気が立ち込めて湿度が一〇〇%近くになる。厳寒期の無加温ハウスでは、この水蒸気が気温の低下とともに被覆に氷となって現われる。このときに潜熱は熱エネルギーとして放射（凝結熱）される。氷は朝までにだんだん厚くなるが、これは被覆が厚くなったのと同じ効果になり、放射冷却を防ぐ作用をしてくれる（図5―3）。また、空気中の水蒸気は昼間の太陽熱を夜まで蓄えておくのに役に立つ。

このような管理をすると、たとえ外気温がマイナス七度になったとして

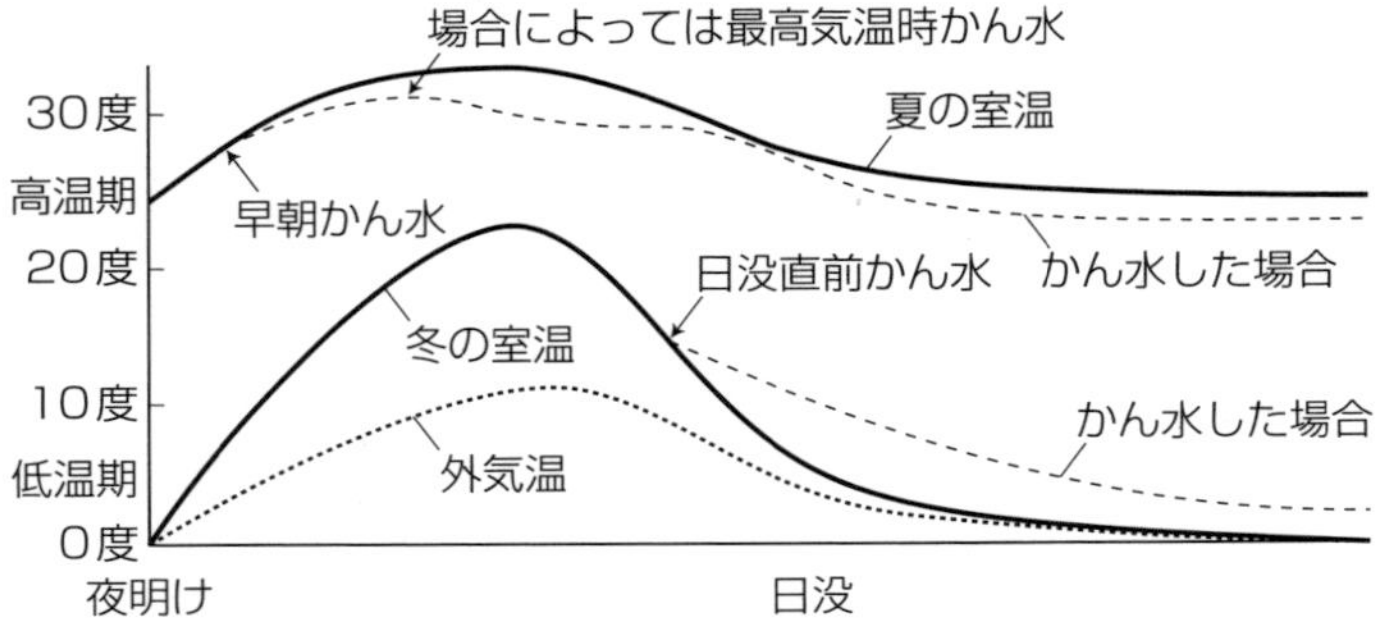

かん水する水は地下水で、年間通して15度。低温期は午前中より日没直前のほうが室温は下がりにくい

図5－3　夏は涼しく、冬は温度を下げないかん水法

も、ハウス内はマイナス二度程度である。つまり五度近く温度を上げることができる。「夕方水をやると冷える」「夜ハウスの湿度が高いと病気になる」という思い込みは迷信にすぎない。湿度一〇〇%近くにすると、植物は頭から足下までビチョビチョになるが、そのような状態では灰色カビや菌核といった病原菌（カビ）の胞子は発芽できない。中途半端な湿度にすると病気は次々に伝染する。

いっぽう、夏の高温期はベッド表面の乾燥が激しく地温も上がりやすいので、なるべく涼しい朝のうちにかん水し、定植直後の苗は高温障害を受けやすいので、日中であっても葉が萎れる前に軽く葉水を打つ。夏のかん水は少量多回数が基本。常時濡れている土の表面と乾燥している表面とでは気化熱によって一〇度以上温度差がある。冬場は逆にハウス内が乾燥しにくいので、回数を減らして一回当たりのかん水量を多くする。

凍結したら少しずつ外気を入れて、ゆっくり解凍

植物は一時的な低温なら、ある程度の耐性がある。たとえば、冬のストックの樹液には蜜のような甘みがある。この糖分は茎葉の水分が凍結しないための不凍液のような役割をしており、寒さに耐えるための仕組みである。

厳寒期の朝はハウス内の温度が氷点下に下がることもあるが、零度~マイナス二度程度であれば、葉や蕾に真っ白に霜が降りても大丈夫である。寒そうだからと室温が上がるまでハウスを閉めっぱなしにはせず、外気温との差がない早朝のうちにサイドを開けて換気する。ハウスはなるべく早く開けて、早く閉めるのが基本である（図5

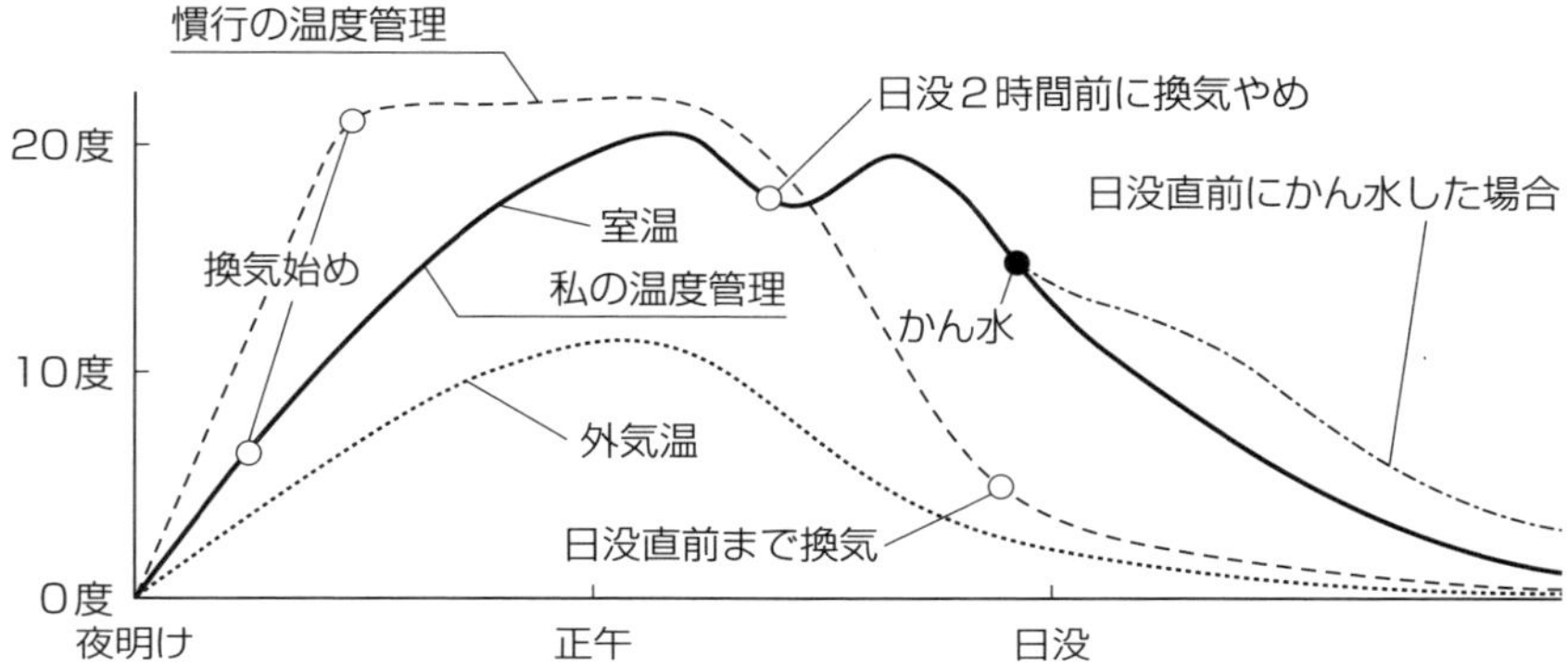

図5−4　私のハウス開閉と温度管理

−4）。

しかし、気温がマイナス二度以下になると、ストックはさらに生長点付近の水分を移動させて樹液糖度を上げ、自ら萎れることで致命的な凍結を避けようとする。脱水と凍結による萎れであるから、うまく解凍しないと茎の曲がりや葉の壊死など後遺症が出る。こうなってしまった場合、少しずつ外気を入れて自然に立ち直るのを待ち、室温が上がって解凍するのを確認したうえで、気温と温度差の少ない井戸水などで葉水を打って脱水症状を緩和してやると立ち直る。

被覆は「外張り」よりも「内張り」を丈夫にする

当地では、無加温ハウスでのストック栽培は外張り〇・一mm、内張り〇・〇五mmのビニール二重被覆が標準だが、土地柄、頻繁に台風の被害があるので、外張りは不定期の張り替え、修理も必要になる。私自身、秋の一カ月間で倒壊、新築、倒壊を二度繰り返したこともある。そこで私は今、この内外被覆の張り方を逆にしている（図5−5）。外張りが〇・〇五〜〇・〇七五mmと薄め、内張りが〇・〇七五〜〇・一mmと厚めのPO（ポリオレフィンフィルム）である。

外張りはあくまでも雨よけが目的であり、消耗品である。雨や埃で汚れやすいうえ、台風など強風時には本体の破損を避けるために切り離すこともしばしばある。できるだけ薄手の安価な、強風時には勝手に破れて本体パイプを損傷させない程度のものがよい。

いっぽう、厳寒期の十二〜二月の被覆はしっかり保温性を持った厚手のものが必要である。内張りは、ハウス内はそれほど汚れや破損を心配しなくて

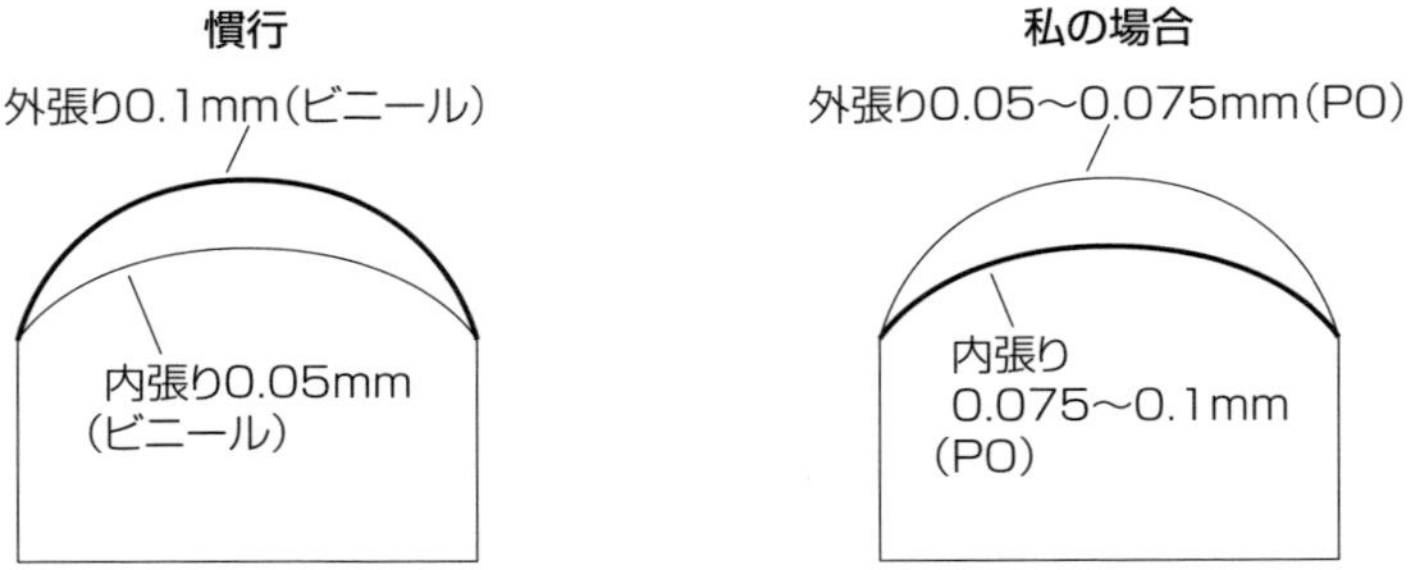

高価なビニールで、外張りは丈夫なものを使うのが一般的。台風や汚れで毎年張り替えるので、コストがかかる

ビニールより安価なPOで外張りは消耗品と考える。内張りを厚めで丈夫なものにすれば、長持ちするので4～5年は使える。それで年間30万円はコストが違う

図5−5　無加温ハウスでの被覆資材の使い方

よく、不要時は巻き上げておくことで四～五年間は使用可能である。以前のＰＯフィルムは収縮率が高く、保温性にも難があるといわれていたが、現在では問題が解決された商品も出回っている。何より軽くて丈夫で長持ちである。たったこれだけの発想転換で、被覆に関する経費が慣行の三分の一以下になる。

　ただし、これは当地での判断であって、寒地なら保温、暖地なら強度を重視すべきである。

6

規格不要！

お客さんのニーズをとらえて有利販売

1 多様化する販売場面

農産物直売所や地場産コーナーが増えてきた

私が就農した当初の一〇年間とそれ以降では経営上に大きな転換点があり、作物のつくり方もそれにつれて変遷してきた。その発端は連作による土壌劣化というマイナス要因だけではない。販売先と売り方が多様化してきたことも大きな要因であった。

ひと昔前の農産物の生産・流通の仕組みといえば、JA共選にしろ個人出荷にしろターゲットは都市の大市場。大面積の圃場で単一作物を大量生産することによる物量と低コストこそが産地の力であった。加工用・業務用・量販店向けのいわゆる「重厚長大」商品が中心で、必ずしも最終ユーザーである消費者のニーズに沿った商品ではなかった。

しかし、ここ一〇年くらいの間に新しい流通の形として地産地消が見直され、当地でも六年ほど前からJA経営のファーマーズマーケットや市内各スーパーの地場産コーナーが開設されるようになってきた（図6—1）。大きいところでは床面積二〇〇坪以上で生産者会員数千数百名、年間売り上げ四億円を超す拠点販売所から、小さいところでは売り場面積一坪、生産者十数名で運営するスーパー片隅のこだわり野菜コーナーまである。

消費者と生産者が直接触れ合える場ができ、情報の直接交換も可能になったのである。

図6－1　スーパーの入り口にある直売コーナー

この他３つの直売所でほぼ毎日売る

規格外のストックも揃えて花束にしたら売れる

私が就農した当時は、いわゆる「規格外」の作物を大量に畑に捨てていた。切り花ストックを例にとると、品種・花色・長さ・品質などで細かく四〇階級以上に区分したうえで、最小一

○本単位のロット出荷であった。毎日何十本もの「半端物」が発生していた。
　しかし、現在では、このような半端物でも、寸法を短く切り揃えて各色混合の花束にすれば、地場産コーナーではよく売れる（図6―2）。多少手間と資材費はかかっても、農家にとっては「損して得取る」ことができる売り場であり、消費者にとってもとれたての農産物が安く手に入る場所は魅力である。

図6－2　直売所に並べられたストックの花束

　昔は自家消費のためだけに細々とつくっていた「裏の畑」の小間物的作物に高い価値が見出された、ともいえる。いっぽう農家としては、新しい需要に応じた多品目の作物をつくりこなす技術が必要になってきた。
　せっかく建てたハウスである。冬の仕事を収入に結び付けるにはどうするか？　経営規模はそのままで、儲けだけを増やすにはどうすればよいか？　いろいろ考えてみてたどり着いた結論は、「これからの農業経営は『買い方』『売り方』『つくり方』を、それぞれ徹底的に改善しつつ、外部に逃がしている『付加価値』を農家に取り込むようにしなくてはいけない」ということであった。

専業主要品目に少量多品目を組み合わせる経営

　工業製品であれ農産物であれ、商品には「プラットホーム型」と「ストア型」の二つの性格を持つグループがある。プラットホームとは駅のホームのことで、ストアとは文字どおりお店のことである。

　駅では「何時何分に」「どこ行きの列車が」「何番線に入ってくるか」が決まっており、鉄道会社は「切符」という形で乗客にサービスという商品を販売している。このように、「いつ」「誰が買うのか」「どれだけ売れるのか」が前もってわかっている、あるいは注文を受けてオーダーメイドする商品を「プラットホーム型商品（計画生産型商品）」という。

　また、スーパーの地場産野菜コーナーのように「いつ売れるか」「誰が買ってくれるか」「どれだけ売れるのか」まったくわからないので、売れそうな商品を多種並べておき、売れた商品を売れた分だけ補充生産する商品のことを「ストア型商品（後補充型商品）」という。

これを農産物に当てはめると、米・麦・大豆などの穀類や私のストックなどは出荷先もほぼ決まっている「プラットホーム型商品」で、その他のハウス内のほとんどの野菜は「ストア型商品」である。これからの専業農家にとっては、毎年作付け時期が固定される少品目多量生産向きのプラットホーム型商品と、多品目少量生産で付加価値が高く小回りがきくストア型商品との組み合わせが経営上重要になると思う。

労働生産性向上が今後の農業のカギ

この一年間、農業を取り巻く社会情勢にはさまざまな変化があった。原油をはじめとする資源・エネルギー価格

多品種少量生産に3種のクワ
私が野菜栽培でおもに使う道具はこれだけです
AOKI
▼三角ガマ
株元への土寄せに
▼ジョレン
ウネ間の溝作りに
▼管理機
クワ代わりということで
ウネの土上げに

の高騰は、燃料費や資材費、ハウスの建設費などの値上がりという形で農家の経営を圧迫している。また、世界的な穀物価格の上昇や中国産農産物の安全への不安など、生活の基本である食料を取り巻く問題も多く発生している。

　高度経済成長期以来のここ数十年間で、たしかに日本の農業は見た目の近代化は果たせた。農業機械・施設、農薬、新しい資材などを利用して、大面積の圃場で単一の作物だけを効率的に栽培する技術。いわゆる「設備生産性」は飛躍的に向上した。

　しかしその反面、日本の農産物は世界一高価な商品になり、食料自給率は過去最低レベルにまで低下してしまった。先進国日本では「高価な労力」を湯水のように投入することができない以上、多品目少量生産の「労働生産性」向上こそが今後に残された課題であろう。

　私が現在、ハウスで最も活用する道具は三種類のクワである（イラスト参照）。まず三角ガマをウネ表面の整形（土寄せ）に使う。次に鋤簾《じょれん》はウネ間（排水路）をつくるのに使う。そして管理機を土上げ（クワの代わり）に使う。そのほかの道具は四サイクルの草刈機と散布用のポンプなど。かん水設備も換気扇も暖房機もないハウスだが、生産性は決して低くないと考えている。

2 販売で栽培も変わる

狭い商圏、同じ時期に同じものが集中するから

　最近「地産地消」をキーワードにした売り場が各地で繁盛するようになってきたが、狭い地域の中で成り立つ仕組みであるため、どうしても各生産者が同じ時期に同じ品目を集中してつくってしまう傾向がある。夏にはナスやカボチャ、冬にはダイコンやハクサイばかりが山積みになっていたり、反面、端境期の春秋にはお客さんがせっかく買い物に来ても商品がないという情景も時々目にする。

　地産地消という言葉には「地のものをその地で消費する」という意味とともに「消費者の声をその地の生産者が商品に反映させる」という双方向の情報交換の意味も持ち合わせている。せっかく新しい流通の仕組みができたのだから、農家としては、さらに豊富な種類の新鮮野菜が年中豊富に並ぶ売り場を自分たちの手で充実させていきた

直売所の野菜作り3つのポイント
①定番野菜を作ろう
新品種
作っちゃったけど、どうやって食べるんだろう？
②出す時期をずらそう
棚にビッシリ！
置くところもない。売れ残りそう・・・
③ニーズにこたえよう
大きなハクサイは年寄り2人じゃ食べきれないね～
小粒のマメは食べごたえがないよね～

いものである。

私が直売所で売る目的でつくる作物のコンセプトは三点ある（イラスト参照）。まず、ダイコン、ハクサイ、キャベツなど「定番野菜」であること。しかし「他の農家が出せない時期の販売」をねらうこと。そして「お客さんのニーズに合わせた品種」を選ぶことである。

私はハウスに暖房を入れて「冬に夏野菜をつくる」というような力任せの方法はとらない。早晩性や晩抽性、短長日性や休眠性など、特定の品種が持つ特性を知ったうえで、人が真似できない時期に作期をずらしたり、春野菜を秋に収穫したり、といったつくりこなしをする。

タネは多すぎず、少なすぎずの単位で安く買う

そのような品種のタネは以前、地元・松阪市内のタネ屋さんで買っていた。しかし困ったのは、播き時をすぎたタネはすぐ回収されるようになってきたことである。私みたいに時期外れに播こうなんて考えるひねくれ者はあまりいないからだ。それで前年のうちに一年後に使うタネまで買うようなことを何年か続けた。

最近は愛知県の豊橋にある種苗会社から買っている。地元のタネ屋さんより時期外れのタネでも入手しやすいし、ここは、各メーカーの品種の比較試験や栽培研究もするところで、品種の情報も早い。

タネを安く買うには業務用の一リットル缶のようなものを買うのが一番だが、少量多品目を直売所で売る経営には多すぎる。かといって、一袋五〇粒くらいの小袋では足りないし高くつく。ところが最近は種苗メーカーが、もう一つ中間の単位をつくるようになった（図6－3）。トウモロコシでいうなら、以前は五〇粒か二〇〇粒かだったのが、一袋二〇〇粒とか五〇〇粒という単位ができた。

私の場合は、播種時期をずらして何回も播くような主力のトウモロコシ品種なら二〇〇〇粒で、そのほか新品種など五～六品種つくるものは二〇〇粒の単位で買っている。

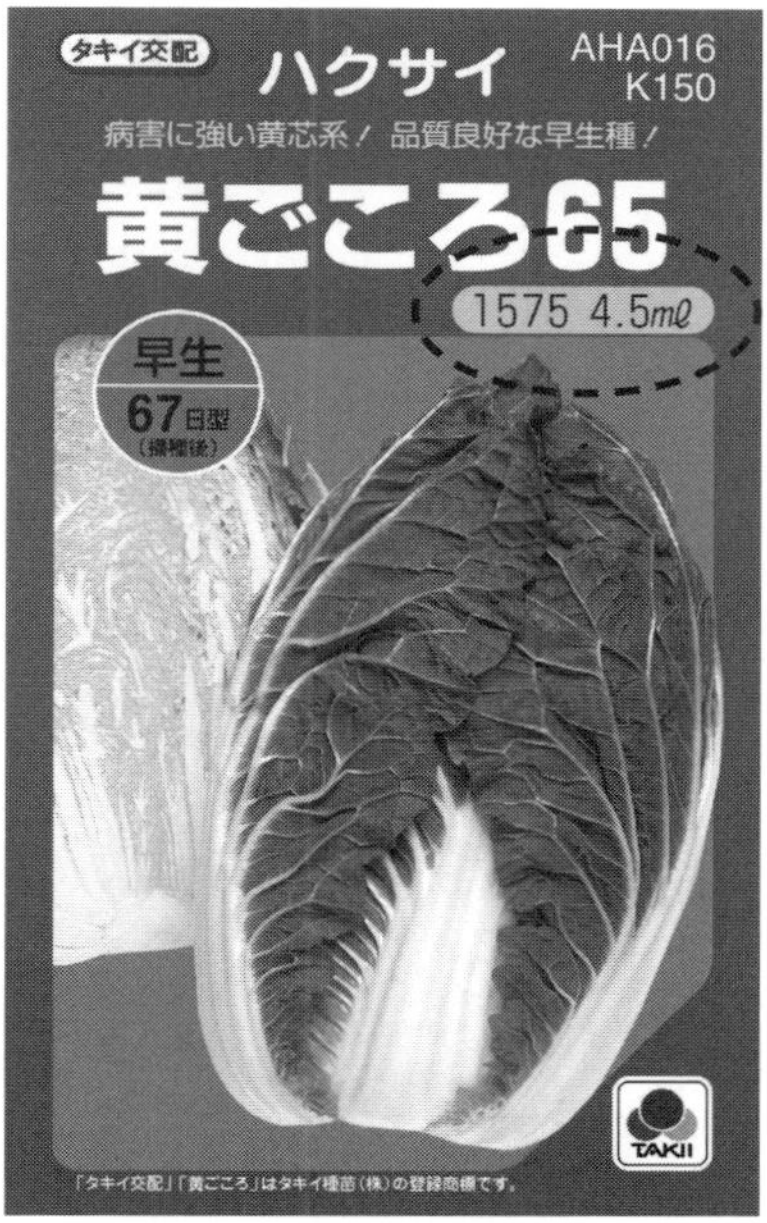

図6－3　少量多品目生産に合った単位のタネを買う

どんな単位で販売されているかは品種によって異なる。この品種は0.6・1.2・3.6・4.5・20 mℓ、1 dℓ の6種類の規格がある（規格が変わることもある）

密植でき回転数の上がるミニ野菜はお客さんも喜ぶ

トウモロコシの味来7000は、栽培している農家はまだほとんどいないと思うが、種苗会社のカタログにはちゃんと入っている。種苗メーカーから試

●ミニハクサイ（お黄にいり）
播種後50日で結球する超極早生ハクサイ。「マルシェ」同様、定植間隔を変えることで600～900gまで収穫時の大きさをコントロールできる。さらに超小型の「チャボ」などの品種もある

●ミニキャベツ（マルシェ）
秋にも春にも播種できる極早生丸玉品種です。
定植間隔を変えることで500gから1kgまで収穫時の大きさをコントロールできる。写真のサイズでちょうどソフトボール大、重さは500gほど

●ミニダイコン（たんしん）
初期生育が早く劣化は遅い極早生ダイコン。9月播きならば30日で販売できるサイズになるが、その後の生育は緩慢になるのでス入りが遅く、春のトウ立ちまで4カ月間連続して出荷できる品種。
圃場に長く置く余裕がある場合や露地で冬播種不可能な地方の農家には便利な品種かもしれない

●タケノコハクサイ（チヒリ70）
普通種ハクサイの3分の1の直径で2倍の背丈。極立性の品種。調理が楽で、用途による部位の使い分けができる

図6－4　冬につくっている主なミニ野菜

作段階の品種も取り寄せられるようだ。種苗会社の紹介で、滋賀県にあるタキイの研究農場にも年に一回は行く。さらに、タキイやサカタのカタログも見る。

種苗メーカーも最近は直売所販売を意識しているから、新品種には私のような経営に役立つものが多い。味来7000は、実の大きさが普通の品種の七割くらいしかなくて、従来の常識ならB品である。その代わり密植できる。メーカーが「直売所で売ってくれ」といっているような品種である。

私はハクサイの「お黄にいり」や「サラダ」、ダイコンの「たんしん」など、ミニ野菜をよくつくる。これはハウスの限られた面積でいかに稼ぐかを考えてのことである（図6―4）。種

苗メーカーは、消費者の嗜好に合わせてミニ野菜の品種を増やしているが、これは密植でき、回転数を上げるのにも都合がいい。ダイコンには上へ伸びるタイプと土の中に引き込まれるように育つタイプがあるが、たんしんは後者で、葉が繁らないから密植できる。

直売所のお客さんにも、ダイコン・ブロッコリー・カリフラワーのような大きい野菜は、サイズの小さいほうが喜ばれる。「一kg四〇〇円のカリフラワーでは大きすぎる。もっと小さくていいから一〇〇円でほしい」というお客さんが多い。

播き時期を変え、まったく別の特性を発揮させる

他の人が出さないような時期に野菜を出すために、種苗会社のカタログでは早晩性や晩抽性・耐暑性があるかどうかに注目する。最近は、ハクサイやキャベツ、ブロッコリーでは、生育日数や定植後何日で収穫できるかが書かれるようになってきた。早生の程度を知るのに参考になる。

ただ晩抽性について書いていないこともあり、実際に栽培して初めてわかることもある。そのいっぽうで、新しい品種は、名前を見て早播きできるかどうかわかるということもある。トウモロコシの味来早房などがそうだ。

春播き用品種を秋に播いて長期どりするホルンスナック（図6—5）は、四年くらい何品種もズラーッと並べて播いてみてわかった。ごく普通のエンドウは長日性なので、秋に播いても春にならないと花が咲かない。でも、春に播いて五月から収穫できるホルンスナックのような品種なら、ひょっとしたら秋からとれるかも？　と考えた。とはいっても最終的には試してみないとわからないのだが、播き時期を変えると、まったく別の特性を発揮するということがある。

なお、大きい野菜とは反対に、エンドウのように実が小さい野菜では、私はサイズの大きい品種を選ぶ。地産地消の新しい流通の仕組みを生かして、お客さんの求める時期・サイズに合わせた品種を選ぶと、売り上げも変わってくる。

図6－5　ホルンスナック
播き時期を変えて、11月中旬にわんさか実がなる

寄せ植えに竹をさしたら、お正月のヒット商品?

　年を越せば捨てるしかないハボタンや余りものの花苗などで、グリーンマーケット向けの寄せ植えをつくっている(図6―6)。ポイントは、紅白のハボタン、門松代わりの青竹、赤ナンテンなどのアクセント、パンジーやアリッサムなどの花である。

　手軽に持ち帰れるように、用土の半分はくん炭やモミガラなど軽い資材を使ってコンパクトにまとめている。年末年始用の買いものに来たお客さんが目にとめて、ついでに買って帰りたくなるような演出をする。正月を過ぎても、竹だけ捨てれば、残りの花がそのまま春まで咲き続けるような組み合わせにするとよいだろう。

　図は背の高いプラ鉢使用の例である。竹は家の裏の竹やぶからとってくるので、コストは、ハボタン、花の苗など六〇円×六鉢(ポット)、百円ショップの鉢一〇〇円、培土五〇円、合計五一〇円である。

　ホームセンターなどで売っているしめ飾りを見ると、四〇〇〇〜五〇〇〇円とすごい値段だったりするが、この寄せ植えは一五〇〇円平均で販売している。多い年は二〇〇鉢以上売れる。おもに妻の仕事であるが、その売り上げでワゴン車も買った。

ポイント

- 紅白のハボタンがメイン
- ナンテンの赤でアクセント
- アリッサム、パンジー、ストックなどを寄せ植え。春まで楽しめる
- 培土はくん炭とモミガラなどで軽くし、緩効性肥料を混ぜておく

図6―6　余りものを寄せ植えで売る

7
教科書不要！
発想転換で稼ぐ、直売所の野菜つくり

一穴二本植えで所得一〇倍

ブロッコリー・カリフラワー

◉「割に合わない作物」として一度消滅したが……

伊勢平野では昔から、温暖な気候を利用して水田二毛作が盛んに行なわれていた。減反政策が始まった頃から長い間、わが家でも父が秋冬の裏作としてブロッコリーやカリフラワーをつくっていた。が、一〇年ほど前から輸入品による価格の低下が始まり、生産者はしだいに減っていった。

当時の栽培方法は一・五mウネに二条植えだが、秋口に生える雑草の処理と冬の強い季節風に備えて、条間の中耕除草・土寄せはどうしても欠かせない作業。機械は使えず重粘土の田んぼの土を手作業で動かすのは大変な重労働であった。また、発蕾前から葉が通路に繁茂して収穫作業の邪魔。元肥も多く後作のイネも倒してしまう。そんな「割に合わない作物」として一度消滅してしまったのである。

しかし、数年前から当地でもファーマーズマーケットやスーパーの産直コーナーなどが増えてきて、通年供給が求められるようになってきた。再び需

図7－1　収穫間近のカリフラワー

2本植えだから、同じ場所から2個とれる

図7－2　ブロッコリーの側枝

頂花蕾の収穫時に尿素を追肥しておくと、側枝がたくさん収穫できる

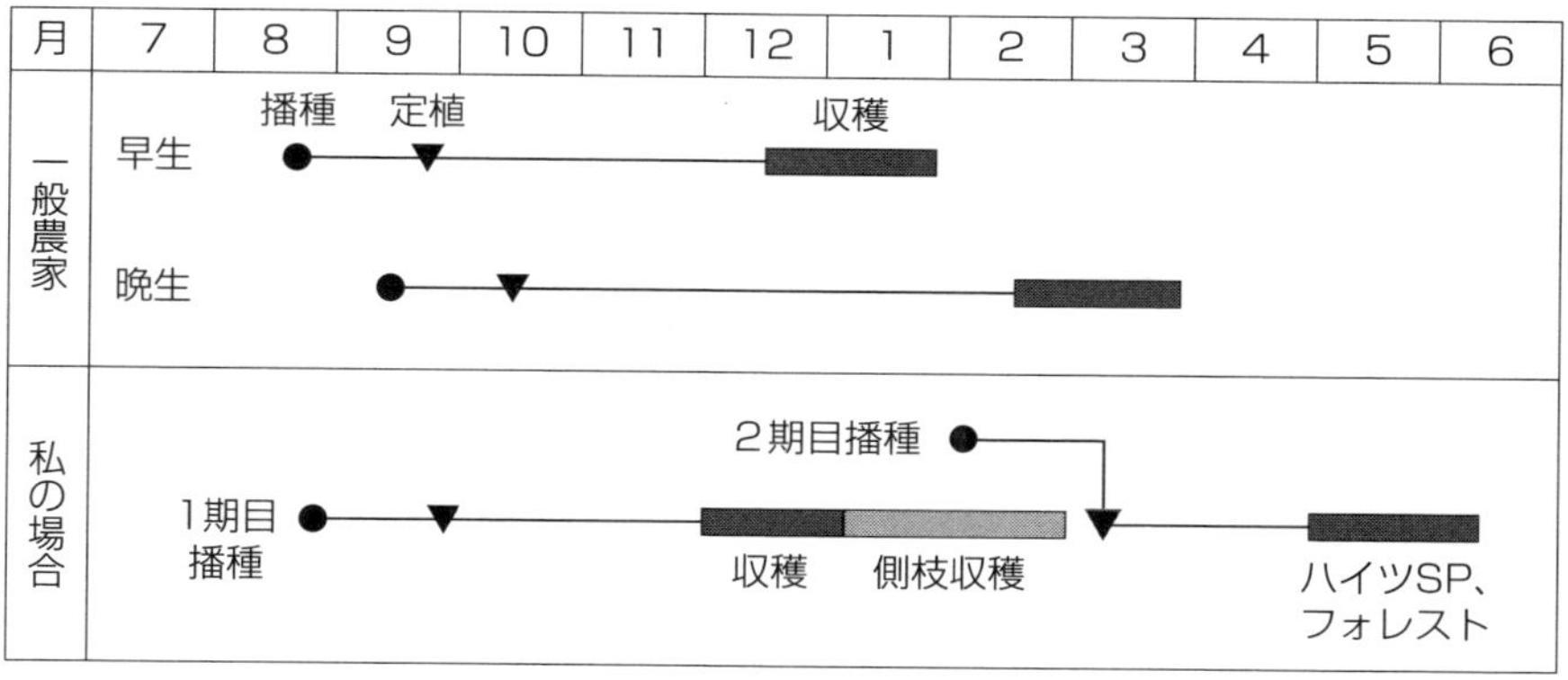

図7−3　ブロッコリーの作型

要が発生したのである。ただ、伊勢平野では気候的に単価の高い夏作はねらえず、競争が激しいのは承知の上でイネの裏作として生産を再開するしかない。さて、どうアプローチすればよいのか？

◉一kg当たり生産原価二〇〇円が輸入品の損益分岐点

まず市場の価格動向を見てみよう（図7―4）。一〜三月は暖地の冬春作の出荷が集中し、秋にも高冷地産と暖地産が競合する時期があるために価格は低迷する（Bの時期など）。また、輸入品は品薄期の夏場など高値時期（Aの時期など）に入荷が集中して、一kg単価が二〇〇円を切ると一気に減るので、どうやらこの「二〇〇円」あたりが輸入品の損益分岐点（売価が二〇〇円以下だと輸入しても利益が出ない）のようである。

価格競争力を考えれば冬の露地作型は、何はともあれ一kg単価二〇〇円以下の生産経費に抑える必要がある。あれこれ試行錯誤しながらたどり着いたのが「二本植え」である。育苗トレイの一穴に二粒タネを播き、二本立ちで育苗し、そのまま植える方法である。この二本植えのメリットは、まず単位面積当たりの収量が上がる。従来の一ウネ二条植えでは定植本数が四〇〇〇本（一〇a当たり）ほどだが、二本植えでは一ウネ一条植えでも六〇〇〇本。

生育中は二本の苗が仲良く競合しながら生育するから、肥料の利用効率がよく、施肥量も少なくなった。条間の除草などの手作業もなくなり、通路も有効に使えるので収穫作業もとてもラク。後作のイネのことを考えると残効を極力減らしたいので、その点も好都合。そして、育苗トレイやスペース、管理の手間など育苗コストも半減した。

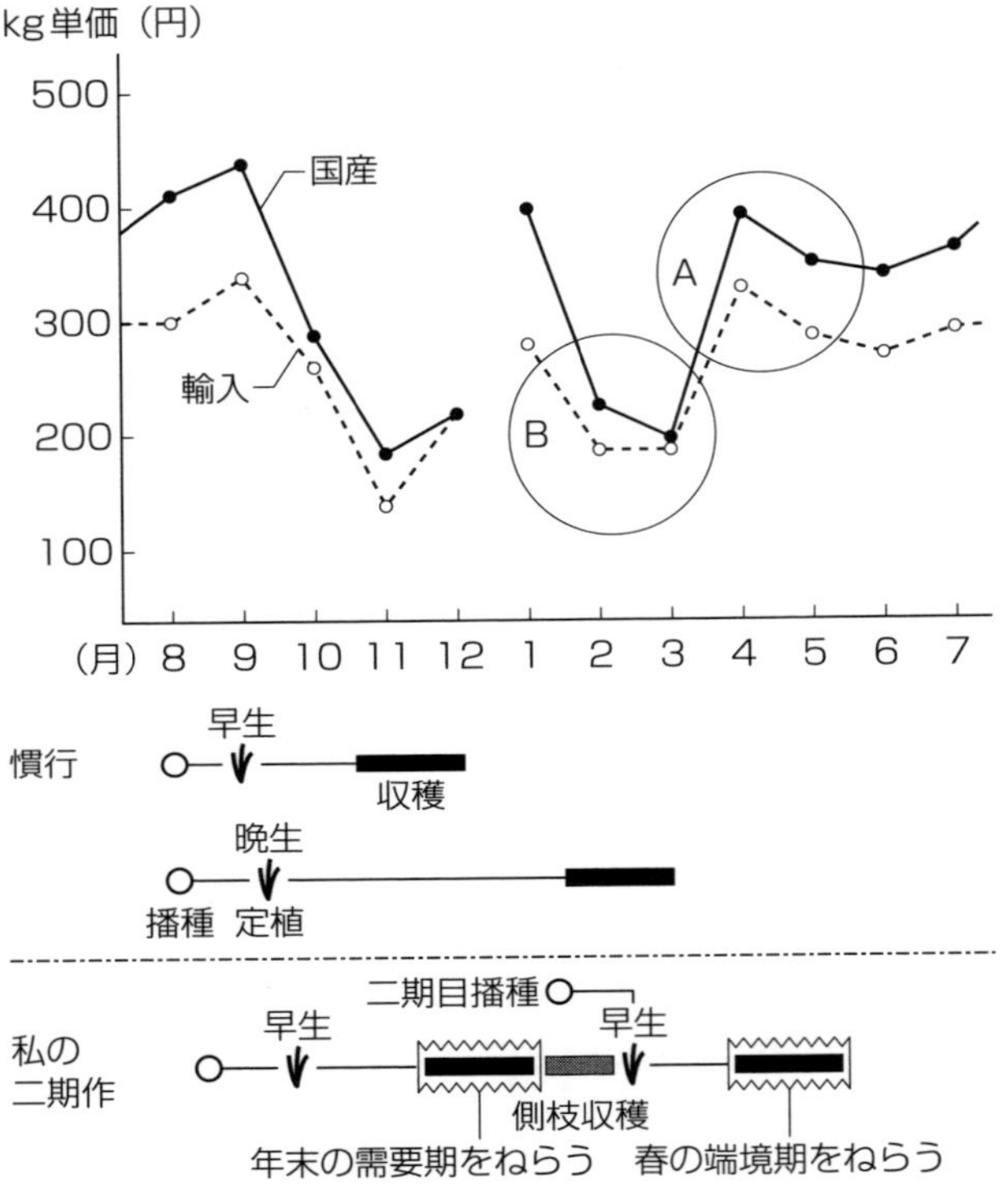

図7－4　ブロッコリーの値動き（2006年全国平均）と私の作型（2008年時点）

早生品種を使い、価格が下がらない２回の山をねらった二期作

◉二本植えで生産原価が三六一円から二四三円に

さて、経費面を考えてみる（表7―1）。一般農家の場合、二〇〇六年は一〇a当たり七万円ほどの儲けが出たことになる（一〇a当たりの収入二二万円から生産経費合計一五万円を差し引いたもの）。しかしそれでは経営として「儲かった」とはいえない。

ブロッコリーやカリフラワーという作物は、収穫調製・出荷などに結構手間がかかる。労働費を含めた経費まで考えると、種苗費や肥料代の約二倍の経費がかかっていることになる。一kg当たりの労働費込みの生産原価は三六一円。輸入品の「二〇〇円」をゆうに超えており、これでは働き損になってしまいかねない。

では私の二本植えの場合はというと、経費合計額は計ったように同じだが、内訳はずいぶん違う。これは「直接の生産費には金をかけなかったが、収量が多かったので出荷費用がよけいにかかった」ということである。

二本植えのこの栽培法だと、一〇a

表7－1　ブロッコリーの生産経費の比較（露地10a当たり円）

一般農家（JA栽培指針による）		私の場合	
種苗費	10,500（4,000本）	種苗費	16,000（6,000本）
堆肥2t	25,000	石灰窒素※1	6,000
肥料費	24,200	肥料費※2	14,800
薬剤費	15,000	薬剤費※3	5,000
出荷資材など	31,400	出荷資材など	44,600
手数料など	47,000	手数料など	66,900
合　計	153,100	合　計	153,300

ブロッコリーやカリフラワーは労働費が結構かかる。
労働費込みの経費をみると……

労働費（110ｈ）※4	165,000	労働費（100ｈ）※4	150,000
合　計	318,100	合　計	303,300

※1　石灰窒素はイナワラを分解させるために使う
※2　肥料費は元肥ゼロの追肥のみ。しかも安い尿素しか使わない
※3　薬剤費は苗箱施用中心で防除回数は少ない
※4　労働費は時給1,500円として計算

表7－2　生産原価を計算してみると……

	一般農家（2条1本植え）	私の場合（1条2本植え）
平均反収（10a当たり）	880kg（3500個）	1,250kg（5000個）
平均販売単価（1kg当たり）	251円	251円
収入（10ａ当たり）	221,000円 （251円×880kg）	314,000円 （251円×1,250kg）
生産原価（1kg当たり）	174円 （153,100円÷880kg）	123円 （153,300円÷1,250kg）
労働費込みの生産原価（1kg当たり）	361円 （318,100円÷880kg）	243円 （303,300円÷1,250kg）

一般農家の平均反収、平均販売単価は2006年のデータをもとに計算

当たりの収入が三一万円であったので、他の生産者より九万円ほど多く、一kg当たりの生産原価は労働費込みで二四三円（表7—2）。一般農家にくらべると一kg当たりで一〇〇円以上、市場競争力が高いということになる。しかしこれでも、まだ輸入品には勝てず「儲ける農業」としては物足りない。

◉二条二期作で一〇a当たり一万五〇〇〇個収穫

私は現在、市場出荷をやめ、市内スーパーなど直販コーナーでの全量販売に切り替えた。出荷時期のねらいは、他の生産者の作型の隙間、収益性がよい図7―4のAの時期。ハウス二期作による長期出荷の作型である。

慣行栽培の場合、早生と晩生品種を一度に播種・定植し、収穫ピークをずらすようにするが、私は早生品種を秋と冬に二回播種し、同じウネで二回収穫する。つまり、一期目のねらいを年末年始の需要期に、二回目の山を春の端境期に決め、安値期間は「側枝」出荷で調整するのである。

普通側枝は収穫しないが、頂花蕾収穫後、追肥をすると一回り小さいサイズの側枝が結構とれる。最近ではこれが「調理がラクで手ごろな価格」ということもあって人気である。

ハウスでの栽培方法は、茎葉の生育量が少ないタイプや密植向きの立性品種（ブロッコリーでは「ピクセル」など、カリフラワーでは「美星」など）を使用し、一ウネ二条二本植えにする（図7―5、6）。この方法だと一〇a当たり七五〇〇～八〇〇〇本の定植が可能で、二期合わせて一万五〇〇〇個の頂花蕾と、多くの側枝を収穫することができる。ハウスの場合、二条植えでも超密植となるために雑草も生えづらく、条間の除草などは、ほぼ必要ない。

◉生産原価一九四円なら輸入品と十分に競争できる

二〇〇六年度は全量を地元スーパーの地場産野菜コーナーで売ったが、一個当たりの平均単価が一二〇円、側枝は三〇〇g入り袋一〇〇円であった。これを一〇a当たりの収入として計算すると二二〇万円。慣行の露地ブロッコリー一〇a当たりの収入が二二万円だからおよそ一〇倍である。

一kg当たりの生産原価は、一〇a当たり収量が約五〇〇〇kgで、労働費込みの生産経費が約九七万円であったので一九四円。「二〇〇円」を切っている。これなら輸入ブロッコリーとの競争力も十分にある。

ただ、私がこの栽培のために選んだ品種は地産地消コーナーで人気のある品種で、共選出荷用に指定された市場向け品種ではない。自力で売れる範囲での計画的な作付けをしないと販売面で苦労することになる。

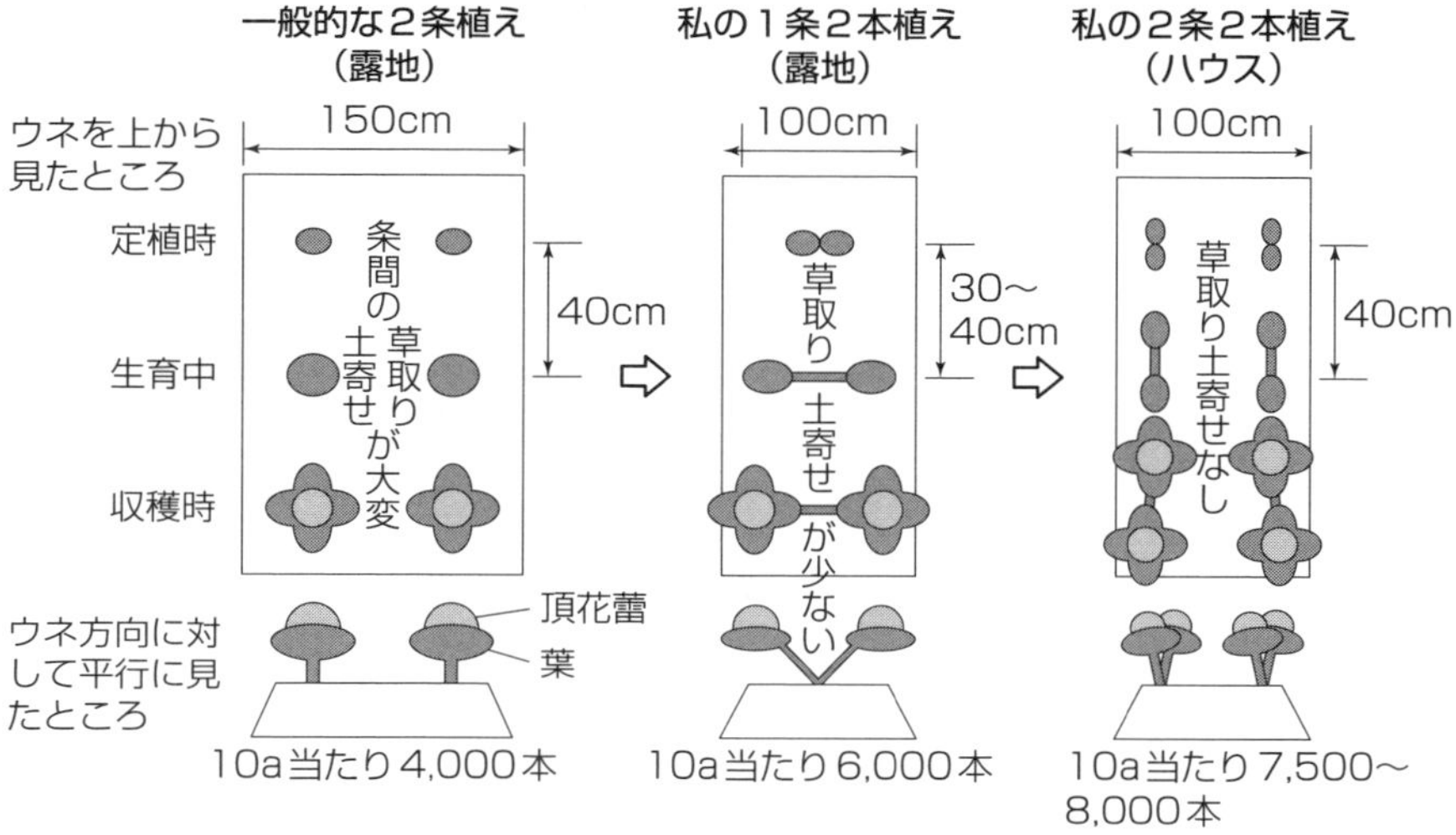

図7−5　慣行と私の植え方の違い

128穴の根巻き防止トレイに2粒まきした定植直前のブロコッリー苗

トレイから引き抜いてみると……、たしかに2本

2本の苗は絡み合うように生育するが、どちらか一方が優勢になることはない

定植後約25日で、1回目の追肥をした直後（これはハウス2本2条植えのようす）

間もなく収穫のブロッコリー。最後まで同じ大きさに生育する

図7−6　2本植えの生育のようす

密植、ミニサイズ出荷で所得七倍

私は基本的に人がつくらない時期に収穫可能な特性を持つ品種や、お客さんからの要望が強い野菜などを選んで生産しているが、最近は従来品種の半分以下の小さいサイズが好まれる。各種苗メーカーもこのニーズにこたえて、生育期間が極端に短い極早生系で、密植ができ、単位面積当たりの収量が多くなるミニ野菜シリーズを多く発表している。ミニ野菜で一作当たりの収量の向上をねらうとともに、生育期間を短縮して圃場の回転率を上げ、年間収入の増大もねらうのである。

◉ミニ野菜で密植、回転率アップ、作期をずらす

地際で結球する野菜には、ブロッコリーの二本植えのような便利な方法は使えないので、植栽本数を稼ぐため、一mウネに株間二〇cm×条間二〇cmで碁盤の目状に定植する。通常品種はこの間隔では結球しないが、「お黄にいり」(タキイ)や「チャボ」(協和)といったミニハクサイは、この定植間隔で正確に植えれば、すべての株が六〇〇～七〇〇gに揃って結球し、一〇a当たりの収量は一万二〇〇〇個(通常品種の三倍)になる。

また、一～三月までは慣行栽培のハクサイが売り場を占領する季節であ

図7－8　ミニ野菜の密植で収量アップ

中央手前がミニハクサイ（お黄にいり）。株間20cmの密植栽培。3月中旬、トウモロコシと同居

図7－7
ミニハクサイ

お黄にいり

チヒリ70（タケノコハクサイ）。他の人がハクサイを出し始めたころに出す

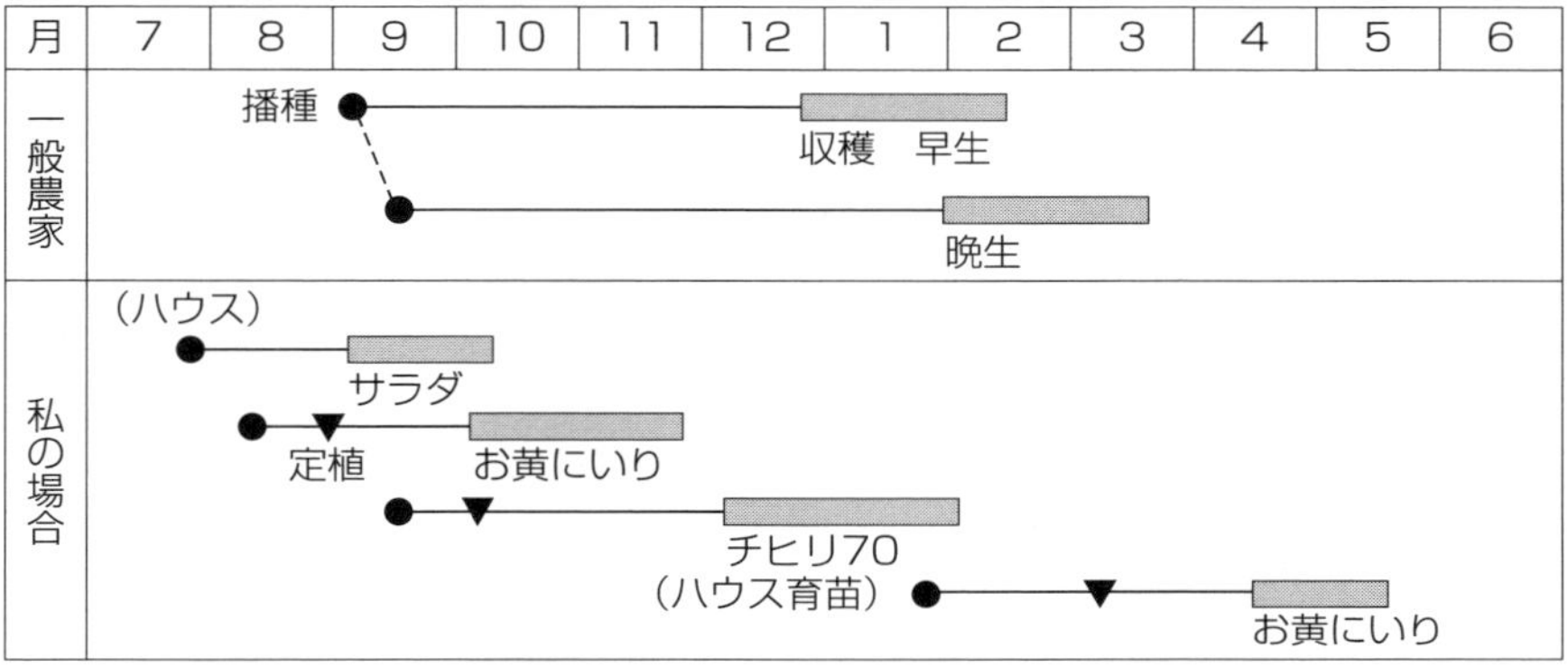

図7―9　ミニハクサイの作型

る。安売り合戦はイヤなので、私はこの時期の作型は避ける。お黄にいりを八月初旬に播けば十月初旬から収穫が可能だし、極早生で晩抽という特性を利用して、他の農家がまずつくれない春出しも可能である。さらに、高温結球性がよい「サラダ」（タキイ）を使って真夏収穫のハクサイも可能である。

寒くなって他の生産者の出荷が始まる頃からは、少し毛色の違った「タケノコハクサイチヒリ70」（タキイ）を収穫する。この品種は歯切れのよい食感で鍋や中華料理に最適である。

◉なるべく根が張っていない場所にポイント施肥

実際の栽培の仕方をミニキャベツ「ロレーヌ」（タキイ）で説明する（図7―10）。密植栽培の場合は定植間隔の正確さが収量を左右するので、寸法がわかっているフラワーネットを敷くなどして等間隔の植え付けを心掛ける。私は木の角材で自作したマーカーを使用している。定植方法は、角棒を使って穴を開け、そこに苗を落とすだけというやり方である。

葉が地面を覆う前に三角ガマを使い、草削りを兼ねて追肥溝を切る。このときの深さを二〜三cmとごく浅くすれば、その後雑草は発生しない。元肥は入れず、前作の残肥でスタートするが、生育が弱い場合は必要に応じて追肥する。最初は①の場所、次は②の場所の順に行なう。根が一度張った場所には肥料吸収する新しい根が出ないので、なるべく離れたところにポイント的に施肥していく。

ハクサイの場合はカルシウムが効い

ていないと芯腐れなどが発生しやすいので、必要に応じて中央の条間にカキ殻石灰を施肥する。ただし、結球開始で葉は地面を完全に覆うので、カキ殻石灰は結球開始前の地面が見えているときに施用する。

◉コストパフォーマンス（費用対効果）による比較

次ページの表を見ていただきたい（表7―3）。慣行露地ハクサイの一〇a当たり収量は六〇〇〇kg。一kg当たりの平均市場価格が五五円として総収入は約三三万円。生産経費が二二万円ほどかかるので利益は約一一万円で、経費率は六六％ということになる。いっぽう私のハウスミニハクサイは一〇a当たり一万二〇〇〇個ほどの収穫があり、これを平均一〇〇円で売るから販売収入は一二〇万円。経費が約四〇万円かかっているので利益は八〇万円、経費率は三三％になる。

私は生産経費を「直接費」と「間接費」の二つに分けて考える。「直接費」

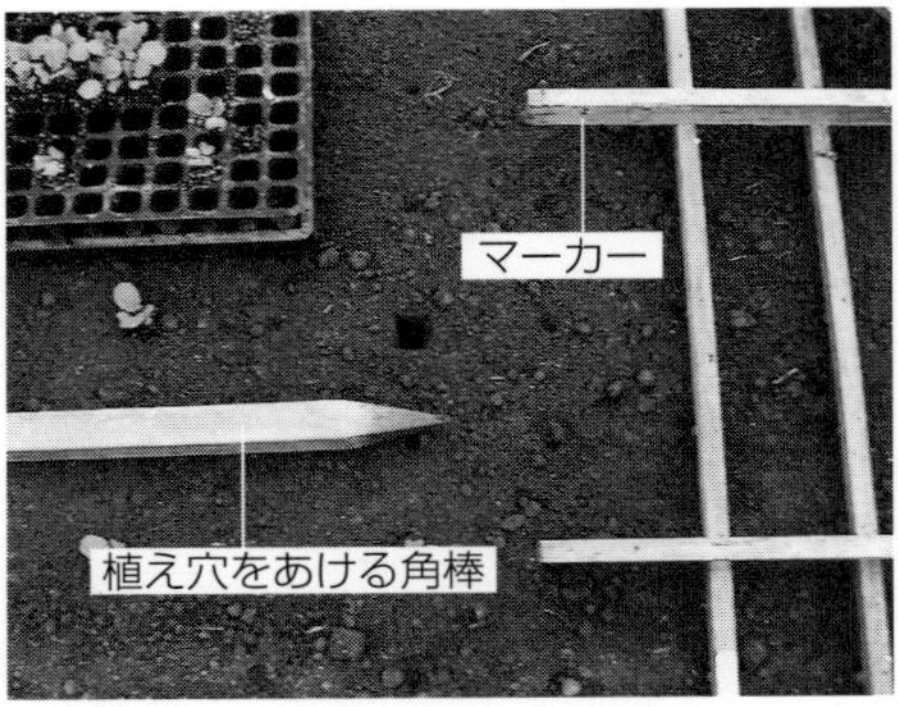

下に突起のついたマーカーで目印をつけ、角棒で植え穴をあけ、苗を落としていく

追肥は４株の対角線上、①、②の順に

４条植えのミニキャベツが結球を始めたところ

図7－10　ミニキャベツの栽培法

表7－3ハクサイの収入と経費の比較（10a当たり）

区分		項目	慣行露地の場合	私の場合
収量		収穫重量	6,000kg	8,000kg
		収穫個数	4,000個	12,000個
収入（円）		1kg当たり販売単価	55	150
		1個当たり販売単価	82.5	100
		販売収入	330,000	1,200,000
スーパー末端価格（円）			100（半カット売り）	100（1個売り）
経費（円）	直接費	種苗費	37,800	42,000＊1
		肥料費	24,000	11,000＊2
		薬剤費	26,000	4,000＊3
		光熱・動力費	1,600	1,500
		機械・農機具費	26,700	1,600
		直接費計	116,100	60,100
	間接費	出荷経費	95,000	252,000＊4
		その他	6,600	87,500＊5
		間接費計	101,600	339,500
		経費合計	217,700	399,600
所得		利益（円）	109,300	800,400
		経費率（%）	66%	33%

慣行露地のデータは三重県栽培指針より
＊1　密植のため種苗費が多い
＊2　元肥ゼロで追肥は安い尿素のみ
＊3　農薬は育苗時にたまに使うことがある程度
＊4　収穫個数が多く、包装する袋やラベルなど多数必要
＊5　年中平均して安定供給するためハウス関係の施設費

とは、畑で作物を生産するのに最低限必要なコストで、おもに種苗費や肥料代のことである。いっぽう「間接費」とは、その作物に、より高い付加価値を与えて有利に販売するためのコストと考える。おもに野菜を入れる袋代やそこに貼るラベル代のことである。

私の直接費は慣行農家が一一万六一〇〇円のところ約半分の六万一〇〇円で、三〇％以上も多い収量を得ている。これが純粋なコストダウン効果である。しかし間接費は逆に、慣行農家の一〇万一六〇〇円に対して私は三三万九五〇〇円と三倍以上。これは新たな付加価値取り込みのためのコストアップといえる。

◉流通に要する手間と時間とスペースを付加価値に

私のハクサイは、その日一日で売れる分を収穫後すぐに自分で包装し、値段を考え、一時間後にはスーパーやファーマーズマーケットの売り場に自分で並べる。いっぽうJAに出荷された他の生産者のハクサイは青果市場で生産者価格が決まった後、さまざまな経路を経て私のハクサイの隣に並ぶ。このとき市場流通の半カットのハクサイの販売価格が一〇〇円ならば、私のミニハクサイ一個にも同じ一〇〇円の値段を付ける。この値段だと双方の商品は同じペースで売れていく。

出荷経路をもう少し細かく見ると、私の場合は「自宅→近所のスーパー」だが、市場流通の場合は「農家→JAへの出荷→専用施設での予冷→保冷車による都市への輸送→市場でのセリ→卸→パッキング→スーパーのバックヤード→売り場」という流れになる。

私はこの、JAに出荷された作物が商品になってスーパーの売り場に並ぶまでの「流通に要する手間と時間とスペース」を付加価値として私の経営に取り込んでいるので、すべてをまとめれば、私は「生産性の向上（コストダウン）」でより安くつくった商品を「流通路の改善」によってより高く売り、トータルとしてご近所の農家の七倍の利益を「儲けている」のである。

ダイコンは姿を変えながら四カ月間出す

ダイコンは間引き菜から扇型ダイコンまで畑に置けるので便利である。たんしん（ナント）は、九月の播種から四〇日で太るミニダイコンであるが、その後の生長は緩慢で、翌年の春までスが入らずトウ立ちも遅い品種である。

葉が小さく全体がコンパクトなので、一五cm×一五cmのマス目に播種して密植栽培する。図7—11下の大きさになったものから順次間引く要領で生食用として売り、冬の間は扇型に太ったものを、おでんなどの煮物用として出荷する。

また、この品種は高温期につくると辛味が増すので、春播き夏どりの辛味ダイコンとしてつくることもできる。

播種して40日目で長さは20cmほど。間引きながら生食用として出荷

4カ月すると、こんな形に！　輪切りにすると普通サイズの大根と同じ太さになるので、おでんなどの煮物用として出荷

図7－11　たんしん(ミニダイコン)

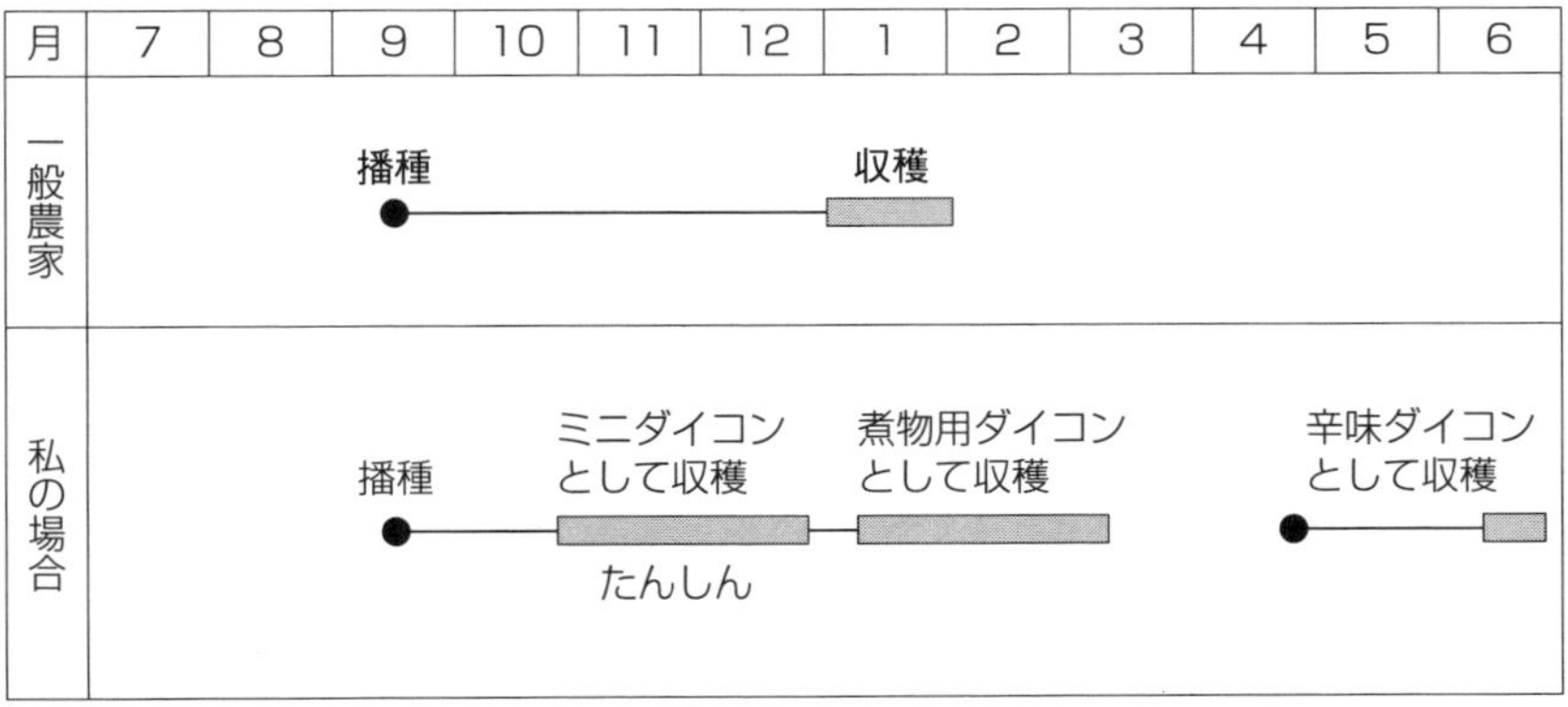

図7–12　ミニダイコンの作型

早出しで売り上げが二倍に

トウモロコシ

◉無加温ハウスで二カ月早く出す作型　四つの効果

私のトウモロコシ栽培は二〜三月播きで五〜六月収穫という無加温での早出し作型限定である。なぜかというと、

①これ以上早い作型では育苗に暖房が必要で、圃場での初期生育も不安定になる。

②六月中旬を過ぎるとハウスでも露地でもアワノメイガやハスモンヨトウなどの被害が激発するようになり、無農薬での栽培がほとんど不可能になる。

③五月から六月という収穫期は、気温が上がって消費需要が高まる時期でありながら、暖地産の早出しトウモロコシはピークを過ぎ、高冷地産が出回るまでのいわゆる「隙間期間」。「朝どりトウモロコシ」が地産地消の目玉商品として有利に販売できる。

④トウモロコシの病害虫は他の野菜類とは共通性がない。春夏作として導入すると、アブラナ科作物の害虫のアオムシ・コナガ・シンクイムシなどを秋冬作ストックに持ち越さない「分断効果」も期待できる。

図7－13　早出しトウモロコシ
（田中康弘撮影）

など、さまざまな効果をもたらすからである。

◉低温発芽性・耐性のある品種を保温しながら育苗

トウモロコシは収穫後の糖度が時間単位で低下する作物なので、遠方から鮮度の高いものは入ってこない。地場産の朝どりコーンなら非常によく売れ

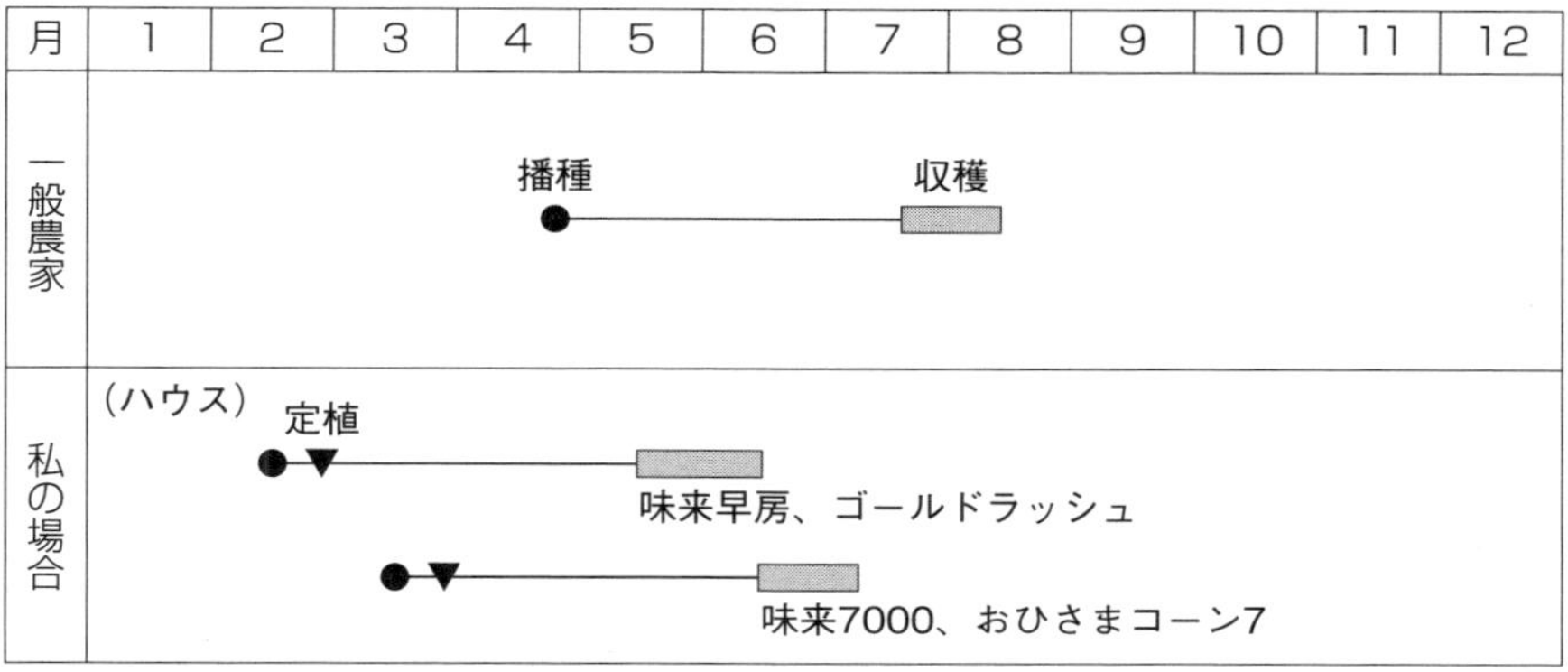

図7―14　トウモロコシの作型

る。ただ、一般的な露地の直播栽培では出荷時期が梅雨明け後の一瞬で終わってしまううえ、終始害虫に悩まされる。

三重県の場合、無加温ハウスを利用すれば五～六月までの早出し栽培が可能で、この時期ならばアブラムシとアワノメイガの初期防除だけで高品質のものがつくれる。ただ、播種から生育初期が厳寒期に当たるため、ちょっとした工夫が必要になる。

この時期の品種選択には早晩性よりも低温での発芽性と耐性を重視する。トウモロコシは、品種による早晩性の幅はせまいが、播種時期を変えると、その幅が広くなる。二月播きなら「味来早房」（パイオニア）か「ゴールドラッシュ」（サカタ）。三月播きなら「おひさまコーン7」（タキイ）が適当だろう。三月定植ならば、新品種の「味来7000」（パイオニア）の密植栽培（従来の2倍）も面白いだろう。葉が細くて揃いが抜群にいい品種である。

なお、これらの品種を露地栽培すると実が小さくなってしまうので、露地ならキャンベラなどがよい。

◉寒さを防ぐ――育苗からウネの準備、定植まで

根巻き防止トレイで育苗　私は種子作物の大部分で根巻き防止トレイを使う（図7―15）。根巻き防止トレイで育った苗は内壁のリブに沿って根が垂直に伸びるので根巻きが少なく老化も遅くなる。このトレイはマメ類やハクサイなど根巻きを嫌う作物の育苗に最適である。育苗はハウス内の小トンネ

ルで行ない、発芽までの一週間は小型のストーブで保温する。三〜三・五葉で一五cm程度の草丈になれば定植適期である。

ウネの中央部に深い足跡　倒伏を避けるために耕起をなるべく浅く硬めにし、ウネを一直線に歩いて足跡を付けておく（図7―16）。ウネ全面にたっぷりかん水した後コーンマルチを張り、足跡の窪みにホースで水を満たしたら定植準備完了である。この足跡の水は、①風や温度変化によるマルチシートの収縮、穴位置のズレ防止（マルチ押さえ）、②昼間の太陽光線による蓄熱（夜間の保温）、③流し込み追肥のための液肥をつくるスペースなど、いろいろな役目を持っている。

角棒でやや深めの定植孔　条間四五cmの二条植えで、定植孔は苗鉢の形状に合わせて先端をとがらせた角棒（五cm角材）でやや深めの穴をあける。このとき、引き抜いた棒に土が付着せず、周囲の壁が崩れない程度の土壌水分量が定植には最適である。定植前に温かい井戸水を十分にかん水しておく。

苗が半分隠れるくらいに　トレイから抜き出した苗を穴の底に落とし込

根巻き防止トレイで育苗

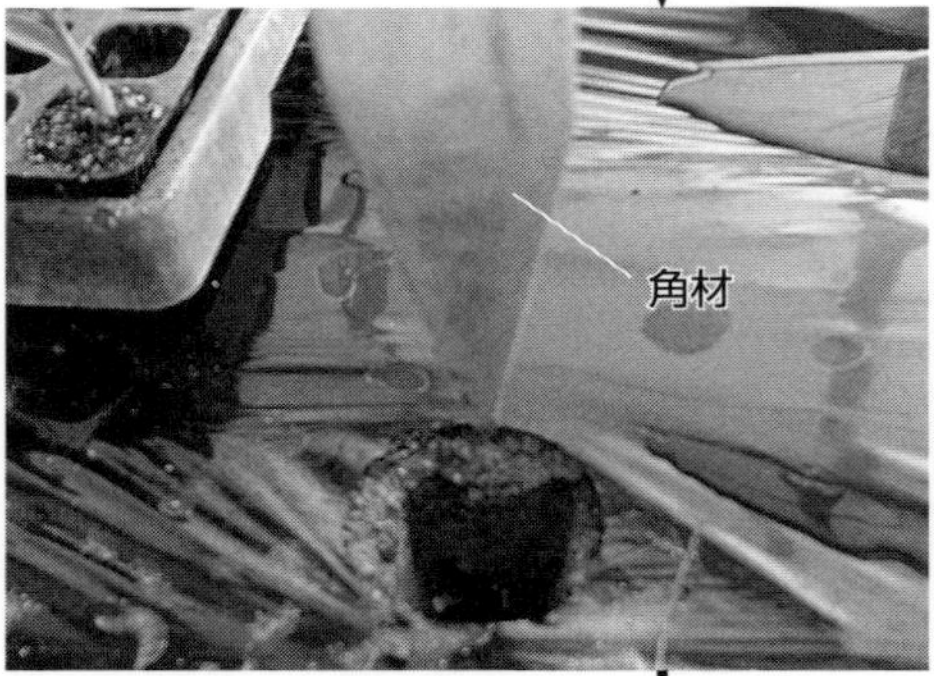

角材で深めに穴をあける

深めの穴に苗を落とす。穴底は地温が高いので凍害防止になる

図7－15　トウモロコシの定植

中央部を踏んで歩く

窪みに水を溜める

図7－16　トウモロコシのベッドづくり

む。深さは第一葉が地面に隠れる程度（約五～七cm）が適当で、無理に押し込んだり土を寄せたりしてはいけない。この後かん水することで圧迫されていた周囲の壁が膨張し、植え穴と苗鉢はしっかり密着する。深植えするわけではないので生長点は徒長せず、穴底の地温に守られて低温期の無加温ハウスでも凍害を受けにくくなる。

◉足跡マルチに液肥をつくり、棒で穴をあけて追肥

トウモロコシが施肥を要求するのは、分けつ期（六～八葉期）と雌穂肥大期の二回である（図7―17）。定植後一週間から一〇日で五～六葉目が展開するので、ここではじめて追肥を検討するが、あくまでも「除塩作物の栽培」という主たる目的を忘れてはいけない。

追肥は後作に影響を与えないよう尿素・硫安・NK化成など速効性の単肥を使用する。足跡に水を張った後必要量の肥料を投入して液肥をつくっておき、追肥が必要なときに棒で穴をあけ

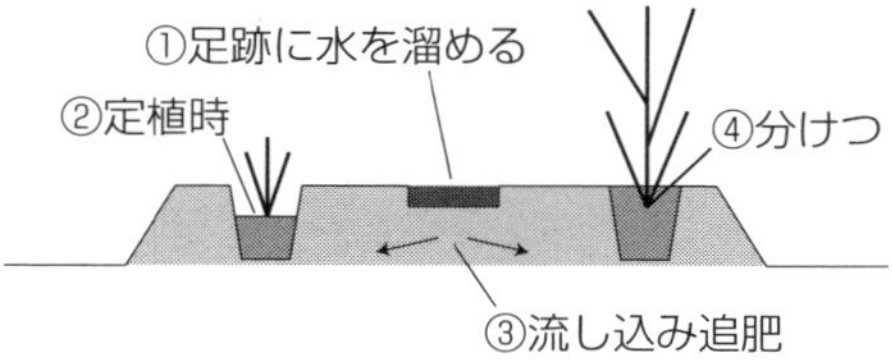

図7−17　トウモロコシ栽培の概要

て回れば施肥完了である（図7―18）。「必要なものを」「必要なとき」「必要なだけ」与えるのが施肥の基本である。一葉展開ごとに葉面積がどんどん大きくなり、生長点近くの葉より下葉の色が濃い状態ならば何もしない。全体に葉色が薄く、とくに下葉が黄化しているようなら早めの追肥を行なう。葉色が一様に濃く、生育が遅れているようならば肥料濃度障害なので施肥はせず、植え穴からのかん水量を増やして塩類濃度の低下をはかる。

一〇葉期までに二～三本の分けつが出れば生育は順調である。この時期までに深めに植えた穴は塞がり、土中から分けつが発生しているような状態になるので、土寄せをしたのと同じ効果があり倒伏防止の役に立つ。あとは土壌水分を十分に与えるだけで商品としてのトウモロコシは収穫に至る。

分けつ期（6～8葉期）に1回目の追肥

足踏みプールに肥料をパラパラ入れて液肥にし、中央に棒を刺して液肥を流し込んだ跡

深めの植え穴は自然に塞がるので、土寄せしたと同じ効果に

図7－18　トウモロコシの追肥

◉トウモロコシで売り上げ六六万円、所得五二万円

　私にとって土壌改良と除塩が第一目的のトウモロコシ栽培だが、「商品としてのトウモロコシ」という視点から見た経営数値はどのようなものだろうか？（表7―4）

表7－4　トウモロコシの生産資材費
（2006年度、10a当たり）

項目	慣行栽培(円)	私の場合(円)
種子費	23,400	14,000
育苗費	—	4,000
コーンマルチ	7,500	7,500
肥料費	29,100	7,200
燃料費	2,000	2,000
農薬費	6,400	200
合　計	68,400	34,900

・種苗費は慣行栽培の場合、直播きで2～3粒播くので高くなる
・肥料費は少量の追肥だけなので安くすむ
・燃料費は加温ではなく、井戸水を汲み上げるポンプやトラクタの燃料
・農薬費はアブラムシが発生したとき、ポイント的に使うもの

　私の場合の生産資材費は合計三万四九〇〇円で、一〇a当たり四五〇〇個出荷したから、一個当たりの生産経費は約七・八円である。また、収入面を見てみると、一〇a当たりの販売数四五〇〇個×平均販売単価一三五円＝六〇万七五〇〇円の売り上げがあり、ここから包装資材費とスーパーの地場産品コーナーの手数料一五％を引いた五二万二二〇〇円が所得になった。経費率は、生産資材費÷所得だから、六・七％ということになる。

　いっぽうトウモロコシを市場出荷している近隣産地の慣行栽培では、資材費合計が六万八四〇〇円になり、一〇a当たり二九〇〇個の出荷実績から、一個当たりの生産経費は二三・六円。出荷個数二九〇〇個×秀品単価八五円＝二四万六五〇〇円の売り上げで、経費率は二七・七％になる。

　トウモロコシは手間も資材費もたいしてかからない割に儲かる「付加価値もコストパフォーマンスも高い作物」といえる。私の「収穫した全量をその日のうちに直売で売り切ってしまう」売り方と、近隣産地の全量ＪＡ集荷、市場出荷という売り方では、売り上げベースで二倍、経費率で四倍以上の差ができている。

時期外れ播きと分枝どりで高値・増収

ツルマメ類

◉エンドウは夏播きで年内から翌春まで収穫・出荷

一般的にスナップエンドウは十一月上旬に播種して冬越しさせ、翌年の四～五月の短い期間に収穫を終える。しかし、ホルンスナック（サカタ）は春に播種しても五月には収穫できるわい性品種である。本来の草丈は七〇cmほど、誘引も必要ないのでプランターや家庭菜園用によく使われるが、この品種を九月に播くと性質はガラリと変わる（図7―19、20）。

秋、気温が十分に高い期間に旺盛に生育させると、草丈五〇cmで主枝に花が着く。そのまま放っておくと二m近くになるから、収穫しやすい高さでピンチして、株元から伸びる子ヅルと孫ヅルに着果させる。一般的な栽培法ではせいぜい一カ月間の収穫だが、このやり方なら十一月下旬から翌年三月まで長期間収穫できる。

ポイントは開花時の温度で、通常の作型で開花する五月と気温が同じになる十月に開花させると、しっかり着果する。そこから逆算して播種することになるが、問題は高温である。残暑の厳しい年は播種前の圃場に井戸水など冷水をたっぷりかん水し、場合によっては涼しい場所で芽出しした極若苗を定植するようにする。また、多くの分枝を利用して長期間収穫するので株間は三〇cmと余裕をもたせ、株を疲れさせないよう、こまめなかん水と追肥、下葉かきを心がける。

追肥時期は分枝の伸長をねらって開花を目安にする。親ヅルの開花で子ヅ

図7－19　スナップエンドウ
不耕起連続栽培中の冬のハウス内で収穫中

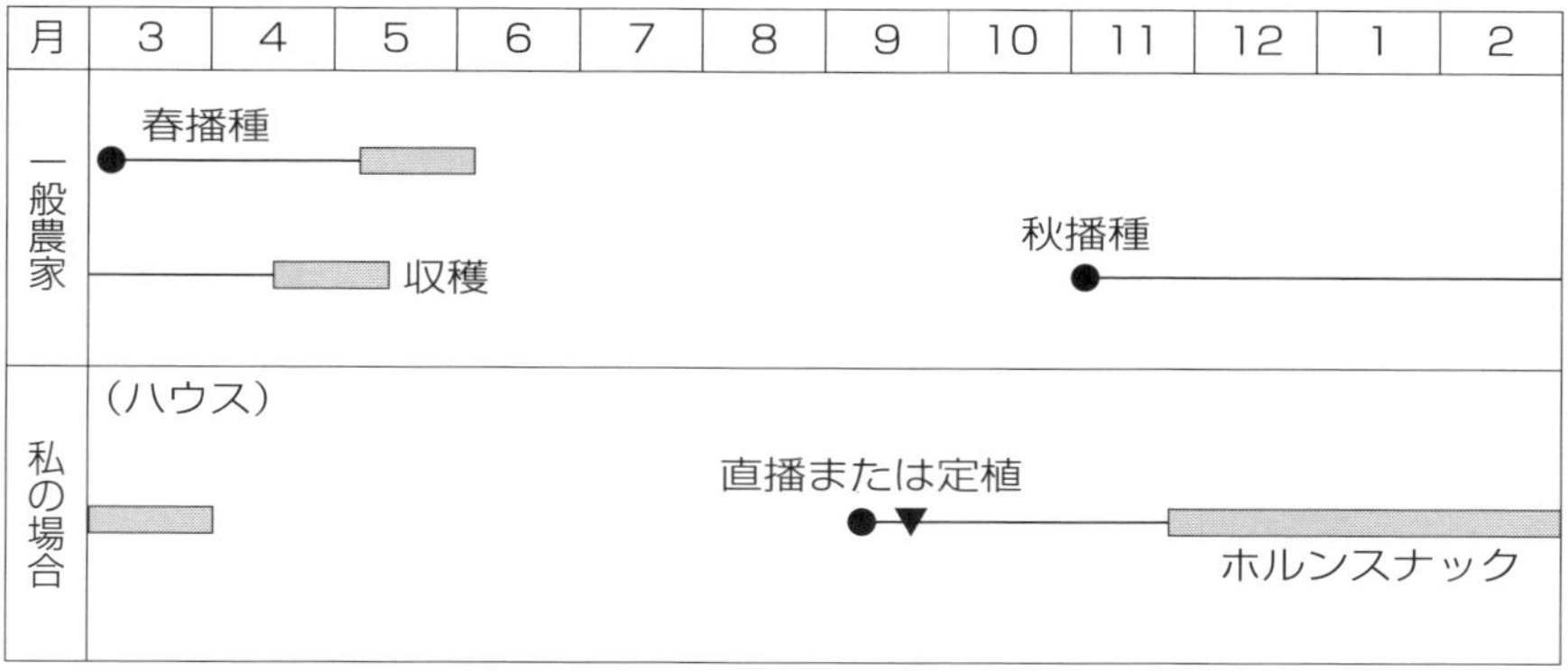

図7−20　スナップエンドウの作型

ルが伸び始め、子ヅルの開花で孫ヅルが伸び始めるので、孫ヅルの開花も含めて三回となる。追肥量は実の形を見ながら加減する。サヤが細くてマメがボコボコのときは窒素過剰、葉色が薄くてサヤの曲がりが目立つときは窒素不足である。

◉ササゲを「長いインゲン」で六〜七月に売る

当地でもササゲはお盆の時期に味噌汁に入れて食べる宗教色の濃い野菜である。そのため、需要期が八月に限られるものの、露地で栽培するとちょうどこの時期の出荷になっていた。そこで十数年前、ササゲをハウスで栽培し、六〜七月のインゲンの出回り時期に、「長いインゲン」で売り出そうと市場に産地として提案した（次ページのイラスト参照）。品種は、古い野菜なので定まっていないが、長さがあってやわらかく、スジのないジュウロクササゲを選択。

露地栽培では直播だが、ハウス栽培で早く出荷するには三月から育苗するしかない。マメ科は移植を嫌うといわれるが、本葉が開くか開かないかの状態なら直根がまだ短いため、移植できることがわかった。そこで三月三日にタネを落とし、ポットで育苗。長日性なので春分の日を過ぎれば花芽は着いてくれる。つまり、温度さえ保てば実はつくということ。ハウス（本圃）も前作のストックをすき込み、油カスも加えて地温を上げておく。窒素が多すぎると花は飛ぶし、アブラムシがつく（逆に少なすぎるとダニが出る）ので、ストックの残肥だけで育てる。

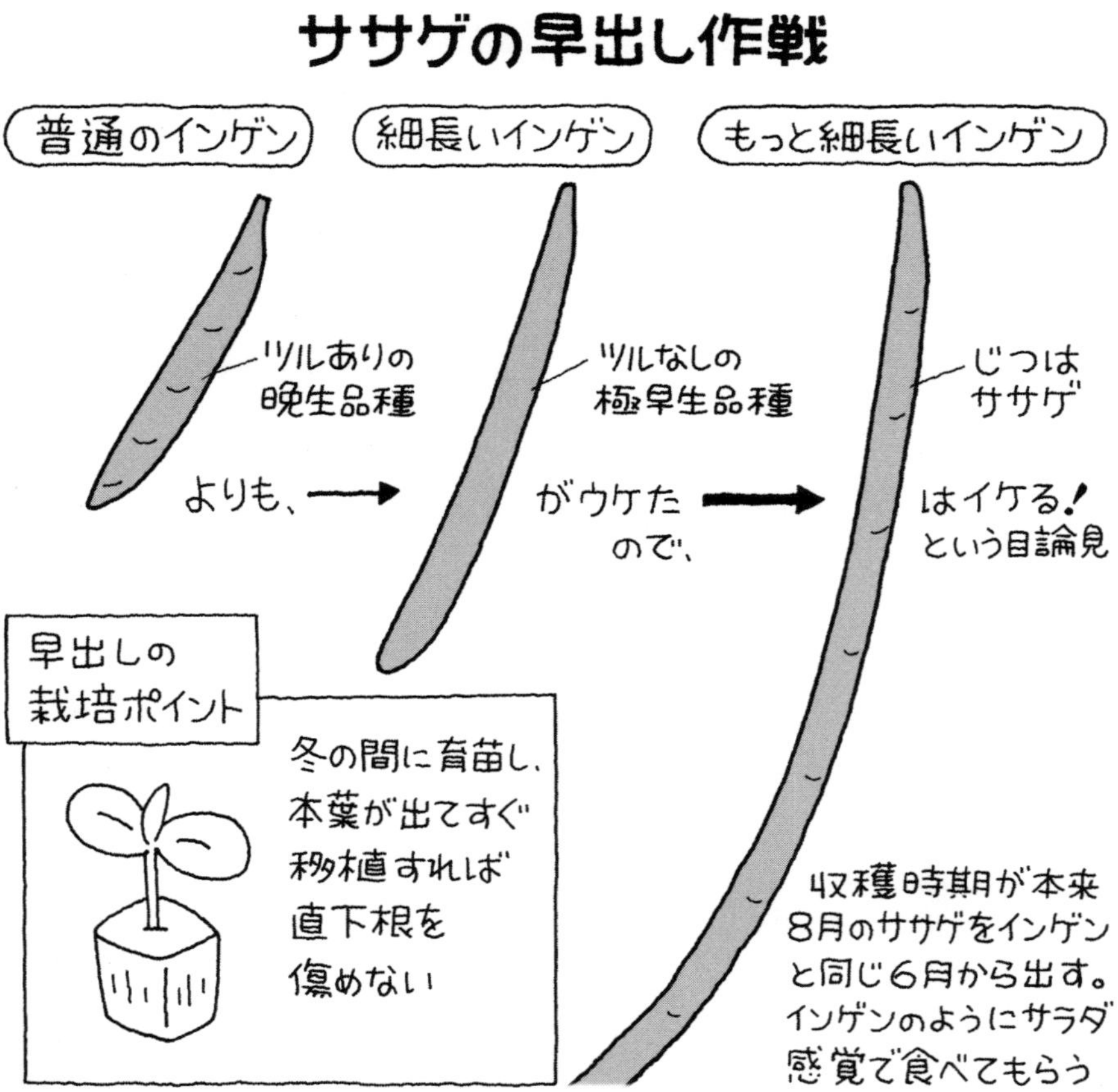
ササゲの早出し作戦
普通のインゲン
細長いインゲン
もっと細長いインゲン
ツルありの晩生品種
よりも、
ツルなしの極早生品種
がウケたので、
じつはササゲ
はイケる！という目論見
早出しの栽培ポイント
冬の間に育苗し、本葉が出てすぐ移植すれば直下根を傷めない
収穫時期が本来8月のササゲをインゲンと同じ6月から出す。インゲンのようにサラダ感覚で食べてもらう

露地では高さ二mの支柱を立て、密植で主枝を伸ばして着果させるが、これでは一回きりの収穫になる。そこで、ハウスでは株間を四〇cmと広めにとり、エンドウのネットを張って斜め誘引し、子枝・孫枝を伸ばして長くとることにした。五月下旬から開花が始まり、六～八月の三カ月間出荷できる。

結局、露地もので八月に出せば一本二～三円のササゲが、六月は一五円、七月でも一〇円の値がついた。インゲンのように茹でて味噌和えなど、サラダ感覚でササゲを食べてもらう作戦が成功したのである。このやり方はその後、露地ものの出回りが急増し、ハウスものの初値が崩れるまでの五年間、有効だった。

◉早出しインゲンを低温期に播種して蔓化を回避

スリムで長いインゲン品種「キセラ」（雪印種苗）の早出しである（図7―21）。まだキセラが出回っていなかった十数年前、新品種のハウスインゲンを打ち出すことで、露地インゲン（普通品種）の販売につなげていく産地戦略だった。

図7－21　キセラ

露地では二粒播きで密植栽培するが、一粒播きの疎植栽培のほうが分枝して多収する。先の早出しササゲと同様に三月初旬に播種して本圃に移植すれば、親ヅルで五サヤ、子ヅルで五〇サヤ、孫ヅルで一〇〇サヤという具合にとっていける。しかし問題は蔓化（ツルばかり繁って着花しない）で、特に閉め込む（加温する）といっせいに蔓化した。

種苗会社の育成者に聞くと「もっと早く播いたらどうか？　北海道（育成地）と同じ条件なら蔓化しないかもしれない」という。露地では五月にならないと播種できないので、ある程度発芽に温度が必要と考えていたが、キセラは播種が冬の低日照条件なら低温下でなければ蔓化する品種だった。そこで、一月に播種したところ、きちんと発芽し、株間三〇cmの疎植でも蔓化しない。播種量が慣行の五分の一ですんだ。

早出しインゲンは四月に二kg三五〇〇円、五月上旬に一五〇〇円の値がつき、五月下旬からの露地インゲンも一〇〇〇円を維持できた。キセラはL・M品だけを、スリムで長い共選箱に入れ、「キセラ」と表示して売る。露地ではとり遅れるとズングリムックリになって形が悪くなるが、キセラは太らないのでシンプルな規格でよかった。このやり方はその後、露地農家もキセラをつくり始めて値が崩れるまでの三年間、有効だった。

なお、エンドウと同様に、インゲンも夏播きできる。品種はサマーキセラ（雪印種苗）、サクサク王子（サカタ）など。

春播き夏植えでタマネギを十二月から収穫

　燃料油価格高騰の昨今、暖房を入れて夏作物を冬につくる、という季節の逆転にはコストがかかるばかりである。が、春野菜を秋に、秋野菜を春につくるといった旬のはずし方は比較的簡単にできる。タマネギの秋どり（セット球）栽培などは露地畑の新顔商品として面白いのではないだろうか。タマネギは一般的には秋定植して春収穫するが、吊り玉にして保存したものは秋までしかもたない。しかし、春つくった種球を夏に植え付けると、その年の年内から冬にかけて新タマネギとして収穫できる。

　品種は早生系のシャルム（タキイ）など、早く休眠が覚めるもの、つまり貯蔵性の低いものを使う。三月、ハウス内に苗場をつくり、条播きかバラ播きで三〜四cmの間隔にタネを落として薄く覆土。さらに地温を上げるために、くん炭を散布する。播種した上にトンネルを設置して発芽させるが、秋の播種期にくらべて地温が低いので保温に注意が必要である。窒素が効いていると葉は繁って

図7－22　季節逆転の発想

品種は極早生（タキイのチャージⅡなど）。5月に掘り上げた種球（上、硬貨は1円玉）を8月下旬に植えると11月に収穫できる

も球が肥大しないので普通の畑であれば施肥しない。

五月には自然に葉が枯れて球だけが休眠に入るので、掘り出して大きさを選別してから風通しのよい日陰に保管する。種球としては一円玉から十円玉サイズが最適で、五百円玉以上の大きいものは分球するのでタネとしては使わず、ミニタマネギとして食用にする。暑さがピークを過ぎて地温が下がり始めれば植え付けするが、適期はその土地のワケギの植え付け時期を目安にするとよいだろう。以降の管理は苗を定植したタマネギと同じである。

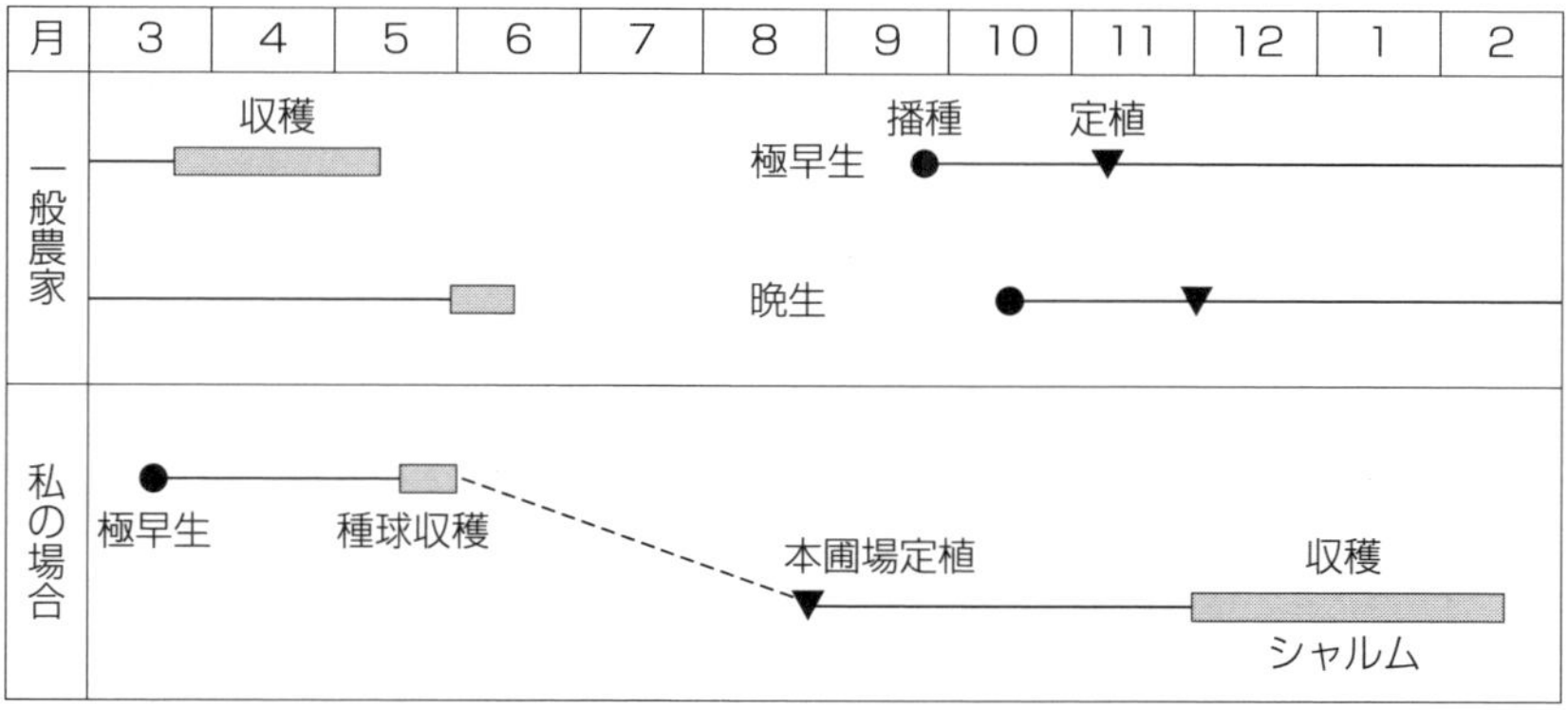

図7−23　タマネギの作型

モロヘイヤ

タネの系統選抜で早出し・能率アップ

松阪は日本でもいち早くモロヘイヤ栽培を取り入れた産地で、水田転作で四月に播種し、五月に定植すると、七月に収穫できた。これをハウスでもつくろうということになり、二月播種、三月定植、五月収穫の作型を想定。しかし、いざ栽培してみると定植後、草丈五cmできれいな花が咲く。花が咲くと、それ以上、草丈は伸びない。モロヘイヤは春分の日より前、すなわち短日条件の播種では、発芽後すぐに花芽を形成するためだった。

そこで、タネに着目した。露地での生育があまりにバラつくからである。タネをとって分類を繰り返すうち、次の四系統に整理できることを突き止めた（イラスト参照）。

①わい性で草丈が短すぎ、売り物にならない。分枝も少ない。

②お茶の樹のような分枝型。葉はツバキのように小さくテリがある。低温に強く、短日条件（春分の日以前の播種）でも花芽を持たない。

③分枝が少なく、葉が大きくて茎も太く、大柄な立性タイプ。

④節間が短く、全体がガッシリして、丈が五〇cmくらいになる。最も多いタイプだが、茎が赤く、売り物にならない。

これらのうち、②の系統なら短日条件下でも播種でき、実際、ハウスで早出しモロヘイヤが栽培できるようになった。いっぽう、露地では収穫・調製時に①と④を捨てて出荷していたが、最初から③のタネで栽培すれば効率がいい。立性で密植でき、一本が大きいので袋の入り数が少なくてすみ、その分、収穫作業がラクになる。

しかし残念ながら、この早出しモロヘイヤは栽培開始から間もなく、長崎県でモロヘイヤの中毒事故（平成八年、猛毒を含む種子つきの枝を牛に与えて発生）があり、モロヘイヤ栽培そのものが下火になって広がらなかった。

モロヘイヤ じつは4系統ある

①丈が低い

分枝も少なく、
売り物にならない

②分枝が多い

短日条件でも花芽を持たない
のでハウス向き

③丈が高い

立性で密植でき、調製も
ラクな露地向き

④ガッシリとして、茎が赤い

最も多いタイプだが、茎が緑
でないと売れない

トマトはわき芽挿しで株数五〇～一〇〇倍に

トマトの場合、播種から定植可能な大きさの苗にするまで二カ月ほどかかるが、わき芽の挿し木苗なら二週間から一〇日で定植苗がつくれる。普通なら芽かきをして捨ててしまうわき芽を、二〇㎝くらいの大きさまで伸ばしたあとかき取って、鹿沼土または洗った砂に挿し木するだけである。クローン苗なので親樹とまったく同じ品質の実が収穫できる（図7―24）。

地場産野菜コーナーなどには一度に多量の出荷は必要ないので、春、種苗店などで、違う品種の苗を数本ずつ購入し、これはと思う品種を自分で増やしていけば、梅雨明けまでに株を五〇～一〇〇倍に増やすことができる。また、人がつくっている面白そうな品種のわき芽をもらってくれば、一週間後には定植可能な苗がつくれる。

20cm以上のわき芽をとる

挿してからたった6日。もう苗になる

挿し芽苗を次々植えて長期どり。

図7－24　育苗コスト削減

著 者 略 歴

青木　恒男（あおき　つねお）

1955年、三重県松阪市生まれ。県立松阪工業高等学校卒後、電機関連企業に就職し、92年から専業農家。月刊誌『現代農業』（農文協）で連載「常識を疑うと——農業はまだまだ儲かる」ほか執筆。

青木流　野菜のシンプル栽培

——ムダを省いて手取りが増える

2009年6月30日　第1刷発行
2017年5月20日　第5刷発行

著 者　青木　恒男

発 行 所　一般社団法人 農山漁村文化協会
郵便番号 107-8668　東京都港区赤坂7丁目6－1
電話　03(3585)1141(代表)　03(3585)1147(編集)
FAX　03(3589)1387　　振替　00120-3-144478
URL　http://www.ruralnet.or.jp/

ISBN978-4-540-08257-3　　DTP製作／(株)新制作社
〈検印廃止〉　　印刷・製本／凸版印刷(株)

農文協の図書案内

有機栽培の肥料と堆肥
つくり方・使い方

小祝政明著

1800円+税

〝技術半分、資材半分〟ともいわれる有機栽培。その堆肥や発酵肥料などの基本資材はどのような考えのもとに、どうつくり、見分け、使っていけばよいかを、現場指導の第一人者がかみ砕いて解説。一般栽培でも役立つ。

発酵肥料のつくり方使い方

薄上秀男著

1600円+税

経験的な本はあるが、製造法・効果的使い方、効果発現のメカニズム、発酵菌の自家採取法について、ここまで科学的に緻密に書かれた本は皆無。巻頭カラーページで発酵過程、土着菌採取の方法をビジュアルに解説。

ボカシ肥のつくり方使い方

農文協編

1314円+税

減農薬、高品質の強力な武器、ボカシ肥。有機質に土を混ぜて発酵させ根の近くに施すボカシ肥は、施肥の常識を変え、微生物を味方にして生育を健全にする。使い方、実例を一冊に。

自然農薬のつくり方と使い方
植物エキス・木酢エキス・発酵エキス

農文協編

1400円+税

自然農薬による防除は植物自身が持っている抗菌・殺虫成分を利用する。本書では煮出し、木酢、砂糖による発酵とそれぞれの方法で植物の成分を引き出し効果的に活用している3人の実践をわかりやすくイラストで紹介。

わたしの有機無農薬栽培
付・おすすめ野菜50種の楽しみ方

久保英範著

1333円+税

堆肥を大量に投入し有機無農薬栽培を目指した著者が、だんだん土がよくなりミミズやクモなどの生き物たちが増えてくるにつれ、野菜のできもよくなり病害虫も少なくなってきた5年間の過程を感動をもって描いた実践記。